NSEIGNEMENT CHRÉTIEN

300 DICTÉES

DONNÉES

aux examens des différents Certificats diocésains

(CAMBRAI)

PARIS
Rue des Saints-Pères, 30

J. LEFORT, IMPRIMEUR, ÉDITEUR

A. TAFFIN-LEFORT, Successeur

Rue Charles de Muyssart, 24

LILLE

300 DICTÉES

ENSEIGNEMENT CHRÉTIEN

300 DICTÉES

DONNÉES

aux examens des différents Certificats diocésains

(CAMBRAI)

PARIS

Rue des Saints-Pères, 30

J. LEFORT, IMPRIMEUR, ÉDITEUR

A. TAFFIN-LEFORT, Successeur

Rue Charles de Muyssart, 24

LILLE

AVERTISSEMENT

Ce Recueil de dictées sera sans doute bien accueilli, car il répond à un désir qui m'a été souvent exprimé.

Ce n'est pas un cours gradué d'orthographe; presque toutes ces dictées ont été données aux examens des différents certificats diocésains et elles sont présentées simplement dans leur ordre chronologique, c'est-à-dire que les deux premières centaines, à peu près, ont pour auteur celui dont la plume m'a servi de modèle et à la mémoire de qui je dédie ce Recueil.

L. B.

Lille, 1er octobre 1898.

300 DICTÉES

1. — Tous les hommes ne sont pas *obligés* d'être *savants*, il suffit que chacun *ait* certaines connaissances essentielles sur l'état auquel on le croit appelé, mais personne n'est *dispensé* de s'instruire sur sa destinée. Songeons à nous tirer des difficultés sans nombre qu'*offre* la vie ; mais n'oublions pas, qu'après *quelque* temps passé sur la terre, il faudra tout quitter, et pour aller où? C'est ce qu'il importe de savoir. Serait-il raisonnable, dites-moi, de mettre tous ses soucis dans le soin d'acquérir des richesses, qui seront *perdues* pour nous à la mort, et de vivre indifférent sur un avenir qui ne finit pas et qui sera heureux ou malheureux, selon que nous aurons *été* dignes de récompense ou de punition?

2. — Voyez la neige *tourbillonner* dans les airs, d'*où* vient-elle? Elle descend des régions glacées; les nuages gelés, au lieu de nous envoyer des gouttes de pluie, *laissent* tomber ces flocons légers *tout formés* de petits cristaux étoilés. Dans quelques moments, sur la terre *tout* entière s'étendra un vaste manteau dont la blancheur nous éblouit. Mais Dieu fait bien toutes choses : les jeunes plantes mises en terre, les blés germés seront *préservés* des froids excessifs par cette épaisse couverture ; et quand la neige fondra, elle répandra lentement, dans tous les endroits du sol, l'humidité qui dissout les engrais nécessaires à la vie des végétaux. Les neiges amoncelées sur les montagnes et les hauts sommets s'infiltrent dans les terres, descendent dans de vastes souterrains, d'*où* elles sortent en donnant naissance aux fontaines, aux rivières, aux fleuves *même*.

3. — *Quelque* pénibles qu'*aient* été, durant l'hiver, les froids que nous avons *endurés,* ils ont été bienfaisants pour nos cultures. Les gelées ont détruit quantité d'insectes nuisibles, les blés ont *poussé* plus vigoureux, et bientôt nous verrons combien de trésors *renferme* le sein de la terre. Voici déjà les fleurs du printemps qui se *montrent* : les *perce-neige* ont à peine *disparu* que les doux parfums de la violette, *répandus* dans l'atmosphère, *charment* l'odorat tandis que le chant des oiseaux réjouit l'oreille. Tout nous sourit dans la nature et nous élève vers l'infinie bonté qui nous prodigue ses dons. Comme tribut de reconnaissance, allons déposer au pied des autels les fleurs cueillies par nos mains, durant les belles fêtes qui vont se succéder en mai.

4. — Bien des jours se sont *succédé* depuis que vos classes ont *recommencé*, car voici que *s'approchent* le jour des examens et la distribution des récompenses. Si vous vous êtes *conduits* durant l'étude comme on vous l'a *recommandé,* si vous avez *travaillé* selon que vos parents l'ont *désiré*, rien n'est plus juste que de vous en témoigner notre satisfaction. Et quoique les livres de prix coûtent *cher*, vous en recevrez ainsi que des certificats, afin que l'on *ait* déjà une idée de votre instruction.

5. — Les créatures humaines que Dieu a *placées* comme au centre de l'univers lui *apportent* un hommage tout autre que celui que lui *témoignent* les créatures inintelligentes. Les hommes qui *oublient* leur dignité et se *ravalent* au rang des bêtes par des vices grossiers, ceux qui *refusent* les hommages dus à leur Créateur ne sont pas dignes des dons que Dieu leur a faits et *manquent* au premier de leurs devoirs. Malheur à ceux qui méconnaissent la grandeur de leur destinée.

6. — Ma chère cousine, prie pour moi qui *subis* les épreuves des examens, aujourd'hui même. Je me sens *émue* à l'idée d'un échec qui désolerait mes bons parents. Toi qui *as* si bien réussi quand tu es *venue* t'asseoir sur ces mêmes bancs, tu comprends mes préoccupations. J'avais cru, durant mes heures de classe, qu'il me serait toujours facile de sortir des questions qui vont m'être *posées*, mais je m'aperçois que je m'étais *trompée*. Le souvenir de mes perplexités me restera longtemps dans la mémoire et me rappellera ce que *coûtent* les illusions qu'on a *caressées* bien à tort.

7. — Ma Chère Amie, prie pour moi qui *subis* les épreuves des examens dans quelques jours et qui n'*ai* pas étudié comme je l'aurais dû les questions qui vont m'être *posées*. Toi qui *as* réussi quand tu t'es *présentée* devant le jury, tu te *ris* de mes craintes. Mais *rappelle-toi* combien j'étais *troublée* dans les premiers examens que tu m'as *vue* subir. *Oublies-tu* le triste accueil que me *réservent* mes parents si j'échoue de nouveau? Déjà tes conseils m'ont bien *servie* pour étudier : j'ai mis dans ma mémoire les règles générales, les cas particuliers *même* et *quelque* difficiles que soient les questions auxquelles je m'attends, il se peut que j'*aie* le bonheur d'y répondre. C'est à la veille d'un examen que se *voient* les avantages d'une application continue pendant l'année : rien n'est plus propre à corriger notre insouciance.

8. — Les enfants *même* les mieux doués doivent faire avec soin les exercices qui leur sont *proposés*. On *n'*apprend bien qu'à cette condition. Tels qui s'étaient *dit* qu'ils en sauraient toujours assez se sont *trouvés* très embarrassés en face des examinateurs et se sont *vu* renvoyer honteusement. C'est ainsi que justice sera *rendue tout* entière et que vous répondrez un jour devant Dieu, des biens dont vous aurez *joui* et que vous n'aurez pas *fait* fructifier. Les élèves studieux au contraire nous ont *réjouis* par leur bonne volonté ; leurs réponses nous ont *plu* et nous nous sommes *proposé* de les récompenser selon leurs mérites.

9. — Dès le commencement de l'année scolaire *efforce-toi* d'acquérir les connaissances qu'*exige* ton avenir et ne *va* pas aux examens sans préparation. On doit s'y tenir toujours *prêt*, si l'on a quelque souci d'y réussir. Ne te *ris* pas des difficultés de peur qu'on ne *rie* de tes échecs. Tels qui s'étaient *proposé* d'obtenir un triomphe exceptionnel se sont *vus repoussés* aux derniers rangs. C'est ce qui attend les présomptueux et aussi les paresseux qui se sont *laissés tomber* dans le découragement. Quand on ne fait rien, on *n'*apprend rien. Tous ceux qui ont *fui* le travail se sont *préparé* une vie honteuse et misérable.

10. — Les pauvres qui se résignent volontiers aux sacrifices qu'*exige* leur état malheureux *acquièrent* des mérites d'un grand prix. Ils sont dans les conditions *voulues* par la Providence et ils ressemblent mieux à Jésus-Christ que les heureux de ce monde. Les souffrances qu'ils ont *endurées* leurs seront *comptées* pour l'expiation de leurs péchés et les maux qu'ils auront *soufferts*, *même* les plus légers, ne seront pas *perdus*. Que ceux qui souffrent ne se découragent donc pas, car tous les sacrifices acceptés, *quels qu'ils soient*, seront *récompensés* au centuple. On *n'*a rien sans peine : comment prétendrait-on obtenir sans effort les joies incomparables du paradis ?

11. — Les paroles que nous avons *entendu prononcer* nous ont *semblé* pleines de sagesse et nous ont *plû*. C'est seulement dans la pratique des vertus que se *trouve* le bonheur ; rien *n'*est plus vrai. On en aura la preuve en faisant l'expérience de la vie qui doit être *tout* entière *employée* au bien. Ceux qui se sont *abstenus* de toute violation de la loi divine ont *goûté* les joies les plus pures que l'homme *ait connues* sur la terre; joies que n'ont point *senties* ceux qui se sont *livrés* aux appétits grossiers, pareils à des êtres sans raison et dépourvus de toute dignité.

12. — *Quelles qu'aient été* les fautes dont une personne s'est *rendue* coupable, Dieu lui pardonnera si elle s'en est *repentie* avec un cœur contrit. Dieu fait grâce à ses amis, à ses ennemis *même*, dès que bien sincèrement *repentants* ils se sont *proposé* de ne plus l'offenser. La grande quantité de personnes qui *pèchent montre* d'autant l'étendue des miséricordes divines. Gardons-nous toutefois d'offenser un si bon maître. Les pécheurs présomptueux seront *punis* de leur ingratitude. Pour compter sur sa miséricorde, il faut respecter sa justice.

13. — Les plantes que l'on a bien *cultivées* ont produit de bons fruits; mais les mauvaises herbes ont *envahi* le champ du paresseux, car on *n'*a rien sans peine. De même les élèves qui se sont *appliqués* à soigner leurs devoirs vont en recevoir la récompense, tandis que les autres seront *déçus* de leurs espérances. Il en est qui s'étaient *figuré* que leur défaut d'application ne leur ferait aucun tort; mais dès aujourd'hui ils se sont *aperçus* qu'ils s'étaient *trompés;* ils ont *fui* quand on les a *appelés* aux épreuves et nous les avons *vus* honteux d'eux-mêmes. Ainsi en sera-t-il dans toutes les circonstances de votre vie : chacun recevra selon ses mérites. N'abusez pas des dons que Dieu vous a *faits*, car vous lui en rendrez compte.

14. — Que de plantes ont *péri* faute de soins et que d'enfants se sont *perdus* faute de surveillance. Nul n'est exempt de périls : tel qui était bon et sage avant qu'il *allât* jouer avec toutes sortes de camarades, avant qu'il *regardât* tout ce qui s'offre aux yeux, se conduit mal aujourd'hui; et sa dissipation est telle que ses parents ignorent *où* se *trouve* durant des heures entières l'enfant que *réclament* leur tendresse et leur sollicitude. Ce n'est pas moi qui *blâmerais* la science que l'on vous a *donnée* ici ; mais à quoi *serviraient* toutes les autres sciences, si l'on *n'*avait celle de se bien conduire.

15. — Pourquoi dit-on qu'une enfant sage et bien *élevée* est tout ce qu'il y a de plus aimable? C'est que rien n'est beau comme l'innocence *parée* des grâces enfantines, alors que se *montrent* le premier essor de l'intelligence, qui nous rend *semblables* à Dieu, et la simplicité du cœur qui est comme le miroir de l'âme. Dès que ne se *voient* plus ces attributs ravissants, le charme disparaît peu à peu. Heureux ceux qu'une éducation chrétienne a longtemps *protégés* contre les scandales qui se multiplient autour de l'enfance ; ils ont *grandi* dans des habitudes sages et pieuses et on les a toujours *vus* préférer la vie de famille aux frivolités et aux séductions qu'*offre* le monde, *quelles que soient* les tentations dont on les a *entourées.*

16. — Deux hommes qui ne s'étaient jamais *parlé* et qui ne s'étaient même jamais *vus* se sont *regardés* comme des frères, parce qu'ils se sont *rencontrés* dans la maison de Dieu, *où* ensemble ils ont *récité* l'oraison dominicale. Tels sont les bienfaits d'une religion dont la première vertu est la charité. Ils ne se sont pas *demandé* s'ils pouvaient être amis ou ennemis, ils n'ont considéré que ce beau titre d'enfants du Père qui est aux cieux, *quelle que soit* la position sociale de chacun d'eux, *quelque* grande différence qu'il y *ait* entre leurs destinées ici-bas. C'est que le titre d'héritier du ciel efface tout autre privilège et que rien n'entre en ligne de compte parmi les distinctions de ce monde lorsque l'on considère les grandeurs de l'éternité.

17. — Nos parents sont nos premiers bienfaiteurs. Dieu nous les a *donnés*, afin qu'*ils soient* pour nous comme sa providence visible. Il les a *chargés* des soins si multipliés que *réclame* notre enfance et pour cela il leur a mis dans le cœur une tendresse et un dévouement *illimités.* L'enfant qui pense que toutes choses lui sont *dues* ne tient pas compte de la gêne qu'*éprouvent* ses *père* et *mère*, ni des sacrifices qu'ils se sont *imposés* pour l'élever. Plus tard il en comprendra l'étendue et n'oubliera pas les bienfaits qu'on lui aura *prodigués*, à moins qu'il *n'ait* le cœur mauvais. Malheur aux fils ingrats qui oublient ce qu'on a fait pour eux! Si vous *oubliiez* jamais le quatrième commandement, Dieu vous châtierait. On *n*'a jamais vu prospérer les enfants qui ont méconnu les devoirs que Dieu leur a *imposés*.

18. — Les faits de l'Ancien Testament sont bien intéressants, mais ils le sont moins que ceux de l'Évangile ; car les premiers n'étaient que des figures de ce qui devait apparaître un jour dans la réalité. La vie des justes avant Jésus-Christ n'est qu'une faible image de celle du Messie en qui s'est *incarnée* la sagesse infinie. S'il est bon que nous *étudiions* la vie des patriarches qui l'ont *précédé*, sachons mieux encore les enseignements qu'il nous a *apportés* lui-même. Et après lui, quels modèles admirables nous sont *proposés* dans les saints qui se sont efforcés de l'imiter !

19. — Que de périls auxquels on a *exposé* l'enfance, que de pièges *semés* sous *ses* pas encore indécis ! Des livres remplis d'images licencieuses lui sont *offerts*, des représentations honteuses s'étalent aux vitrines de certains magasins *où* rien n'est respecté, *où* les choses les plus respectables sont *ridiculisées*. Les enfants bien élevés passent près de *ces* vilaines choses sans s'y *arrêter*. On les a *prévenus* du danger de laisser entrer par les yeux des pensées qui souillent le cœur. *Méfie-toi* donc, mon enfant, des choses qui portent le trouble dans ton âme. Ne *lis* pas toutes sortes de livres et ne *regarde* pas tout ce qui s'offre à tes regards. Ceux qui n'ont pas tenu compte de ce conseil s'en sont *repentis*, mais trop tard : on aurait moins de regrets si l'on *n*'oubliait pas ses devoirs.

20. — C'est une erreur de croire que l'on est plus malheureux que bien d'autres. Nul n'est exempt de *maux* ici-bas et

« chacun sent *où* le bât le blesse, » dit le proverbe. Chaque condition *a* ses peines *quelle qu'elle soit*. On peut en *changer*, mais on *n*'en trouvera aucune qui *n'ait* ses désagréments ; car la condition de l'homme déchu, c'est de souffrir ici-bas. *Quelque* grandes que nous paraissent nos tribulations, elles seraient *adoucies* par la patience si nous *n'oubliions* pas celles que Notre-Seigneur a *endurées* pour nous. Les élus et les prédestinés ne sont-ils pas ceux qui ont le plus souffert sur la terre? Dieu les a *rendus semblables*, par les souffrances, à son divin Fils, afin qu'ils fussent *glorifiés* comme lui dans l'éternité. On *n'*arrive au ciel que par deux *voies* : l'innocence ou la pénitence.

21. — Dans toutes leurs paroles, nos ancêtres montraient qu'ils étaient sans cesse en la présence de Dieu. « Je ferai telle chose, j'accomplirai tel dessein, s'il plaît à Dieu, » disaient-ils. Et quand ils avaient *réussi*, ils ne manquaient pas d'ajouter : « Grâce à Dieu ». Toute action importante était *précédée* du signe du salut, afin qu'on *n'eût* jamais le malheur d'oublier les bienfaits de la Rédemption. De telles pratiques attiraient les bénédictions du ciel et *rappelaient* sans cesse aux chrétiens leurs destinées immortelles. Il ne faut pas que nous *oubliions* Dieu si nous ne voulons pas qu'il nous *oublie*. Nous dépendons de Lui en tout, *quels que soient* notre richesse et nos talents ; on *n'*a guère droit à ses bontés quand on *n'*en tient pas compte.

22. — Il y a deux *voies* dans la vie : l'une apparaît *semée* de roses, mais elle est *remplie* d'épines ; l'autre, plus âpre, nous semble peu attrayante ; cependant quand on l'a *suivie* *quelque* temps, on la trouve unie et plus sûre que la première.

On *n'*y trouve ni pièges, ni embûches comme dans la *voie* large que Notre-Seigneur a *condamnée*. Ces deux routes s'offrent à tous dans quelque condition que leur naissance les *ait placés*. D'*où* vient que la première nous séduit plus que la seconde ? C'est que nous sommes *trompés* par nos convoitises et que les créatures déchues ne voient plus qu'à *grand'peine* les sentiers de la vertu.

23. — C'est pour la jeune fille surtout que se *montrent* les avantages d'une éducation chrétienne. Tous les parents qui se sont *demandé* ce que *deviendraient* leurs filles si elles grandissaient sans la crainte de Dieu, n'ont pas *hésité* à les confier *dès* leur enfance à des maîtresses sachant ce que *demande* de soins toute âme destinée à la vie éternelle. Qu'*importent* les connaissances variées, si l'on ignore la première de toutes les sciences, celle de bien vivre ! Les enfants qu' on a *élevés* dans l'indifférence religieuse sont *livrés* sans défense aux erreurs de l'esprit, aux égarements du cœur et beaucoup se sont *perdus* faute d'avoir été bien *élevés*.

24. — Nous avons souvent *rencontré* des enfants *ignorant* les faits principaux de la vie de Jésus-Christ et nous nous sommes *demandé* pourquoi parmi tant de choses qu'on leur avait *enseignées*, l'essentiel n'avait pas pris la place qui lui est *due*. Est-il permis à un chrétien d'ignorer l'éclat des miracles de la divine puissance et le sens des paraboles de la souveraine sagesse? Un jour ces enseignements merveilleux viendront à vos oreilles, mais *défigurés* par la malice ou l'ignorance. Ce qui doit être l'objet de votre vénération vous sera *présenté* comme une matière à plaisanteries. Honte à ceux qui rient des choses divines, c'est leur ignorance qui les a *laissés* tomber dans les pièges des méchants.

25. — *Quelle que* soit la condition dans laquelle la Providence nous *ait placés*, nous y serons heureux, si nous sommes attentifs à nous acquitter de nos devoirs. Les peines que Dieu a *réservées* à chacun de nous sont des épreuves nécessaires. L'ange Raphaël dit à Tobie : « Parce que vous étiez agréable au Seigneur, il a fallu que vous souffriez la tribulation. » Ne vous scandalisez donc pas quand vous voyez les justes dans la peine ; car c'est par les souffrances que Dieu a *rendu* les saints semblables à son divin Fils, afin qu'ils soient *glorifiés* avec Lui dans l'éternité. Le mépris que *témoignent* certaines gens à l'égard des personnes éprouvées, *montre* qu'elles ne méritent pas que Dieu leur fasse pareil honneur.

26. — La pauvreté n'est pas en honneur en ce monde, elle fait horreur à la plupart des hommes. Ceux qui l'ont *subie* n'osent l'avouer, ils se croiraient *dignes* de mépris. Cependant, l'Évangile nous apprend que le ciel s'ouvrira plus facilement pour les pauvres que pour les riches. On *n*'ira au ciel qu'après avoir souffert, et il sera tenu compte aux pauvres des peines qu'ils auront *endurées*, tandis que les riches trouveront leur condamnation dans les plaisirs dont ils auront *joui*. Toutefois, les riches pénitents, charitables, qui auront *soulagé* les misères de leurs frères, seront plus *sûrs* de leur salut que les pauvres envieux et impies, qui se sont *emparés*, autant qu'ils l'ont *pu*, des biens qui ne leur appartenaient pas et qui en ont *abusé*.

27. — Les œuvres de génie que les grands hommes nous ont *laissées* au dix-septième siècle nous *témoignent* de l'esprit qui les animait. On y voit qu'ils ne se sont pas *contentés* d'exalter la religion dans leurs travaux si remarquables, mais qu'ils l'ont *pratiquée*; et ainsi, ils nous ont *prouvé* que les écrits sublimes sont les seuls qu'*ait produits* l'heureuse alliance du génie et de la vertu. Qu'*importent* les dires de certains *demi*-savants, quand ces grands esprits ont *parlé* et qu'ils ont *pratiqué* ce qu'ils avaient *enseigné*. Les discours des blasphémateurs n'ont de force qu'en raison de la faiblesse et de l'ignorance de ceux qui se sont *laissé* tromper par les mensonges. Au jour du jugement, ces orgueilleux seront *confondus* comme Satan qui les a *inspirés*, on *n*'en saurait douter, d'après les termes *mêmes* de l'Évangile.

28. — Deux hommes qui ne s'étaient jamais *rencontrés* et ne s'étaient jamais *parlé* se sont *considérés* comme des frères, parce qu'ils ont *prié* ensemble dans la maison du Père céleste. Ils se sont *dit* : « Nous sommes *destinés* comme chrétiens à nous retrouver *réunis* dans la joie éternelle, pourquoi existerait-il entre nous des sentiments mauvais? A l'église nous sommes tous des égaux, *quelle que* soit la condition de chacun et *quelques* beaux habits que *porte* celui qui s'est assis près de moi. Quand il était sur la terre, Notre-Seigneur nous a *montré* sa prédilection pour ceux qui souffrent et sa miséricorde s'est *manifestée* à l'égard des pécheurs *mêmes*. On *n*'imiterait pas ses exemples si l'on *n*'avait que du mépris pour quelqu'un.

29. — N'*oublie* pas, ma fille, les conseils que je t'ai *donnés*, moi qui *voudrais* te rendre sage, pour que tu sois ce que tu dois paraître toujours. *Aie* confiance en ta mère qui *sait* ce qui te convient et ne te *veut* que du bien. Est-il au monde quelqu'un qui *ait* plus de souci de ton bonheur que celle qui t'a *élevée* et t'a toujours *aimée*. Crois-moi donc dans les conseils que me *dicte* mon expérience que je mets *tout* entière à ton service. Ne te *lie* pas d'amitié sans mûre réflexion. Tu l'*as* déjà fait bien que je t'*aie avertie* des pièges qui te seront *tendus*. Nous nous trompons souvent quand nous jugeons des gens par l'extérieur, et on aurait moins à regretter si l'on *n*'avait contracté de liaisons qu'à bon *escient*.

30. — L'Évangile a été *prêché* aux pauvrès dans des termes tels que les enfants *mêmes* le comprennent. Entre tous les docteurs nul ne s'est montré plus simple que le divin Maître. Le langage de la parabole dont il s'est *servi* est à la portée des esprits les plus ordinaires. Qui ne serait touché de la bonté du Père des miséricordes accueillant l'enfant prodigue ! On *n*'admire pas moins avec quelle fermeté il se prononce entre le pharisien et le publicain et comment il relève ce dernier de l'humiliation et de la tristesse *où l'avait plongé* la vue de ses torts. Les riches qui ont mal *usé* des biens que la Providence leur avait *confiés* trouvent leur condamnation dans les paroles que Notre-Seigneur met dans la bouche d'Abraham : Ceux qui auront *joui* des biens de ce monde sont fort *exposés* à être *privés* des biens éternels.

31. — Si vous êtes bien *préparés* aux examens que vous allez subir, nous sommes *tout disposés* à vous donner les certificats que vous demandez. Il faudra toutefois que vous *justifiiez* de vos connaissances dans la mesure nécessaire ; il s'est trouvé des enfants qui se sont *crus* bien *préparés* et qui se sont *vu* refuser les titres qu'ils ambitionnaient, parce qu'ils ne se rappelaient plus les choses qu'ils avaient *sues* et sur lesquelles ils avaient *compté* trouver le succès. *Quelles que soient* les places que l'on *ait obtenues* durant l'année, il se peut que l'on *n'ait repassé* qu'insuffisamment ses matières d'examen, et qu'au jour des épreuves, on se mette au-dessous de ceux qu'on avait *devancés* dans les concours. Le peu d'attention qu'*apportent* certains enfants aux examens et le peu d'application que d'autres y ont *montré expliquent* l'insuccès de plusieurs.

32. — Les nuages sont des réservoirs d'eau *suspendus* dans l'atmosphère. La chaleur les a *formés* d'eau évaporée que le froid a *condensée* en gouttes légères qui, *unies* les unes aux autres, *tombent* sur la terre à mesure que leur poids s'accroît. Le brouillard composé de vésicules très petites nous *donne* l'idée de ce qu'est le nuage. Nous avons *vu* s'élever bien souvent des brouillards qui ainsi se transformaient en nuages.

Ceux d'un blanc éclatant qui se *montrent* dans les régions les plus *élevées* sont *gelés* et *formés* d'eau gelée comme celle que nous *donnent* la neige et la grêle. *Quelles que* soient nos connaissances à cet égard, il reste à étudier beaucoup plus de choses qu'on *n'*en connaît.

33. — Les hommes qui ont suivi les conseils de la sagesse et qui ont bien *vécu* jouissent durant leur vieillesse du bien-être que *procurent* la sobriété et un travail modéré. Evitez tout excès, toute exagération : ceux qui, par avarice, *épuisent* leurs forces et *usent* leur vie dans un travail trop prolongé sont coupables, ceux qui se privent du nécessaire pour les mêmes motifs ne le sont pas moins. *Quant* aux paresseux, leur repos et leur oisiveté seront *remplis* par tous les vices; ils seront *punis* dès ce monde des torts dont ils se seront *rendus coupables*, des mauvaises habitudes qu'ils auront *contractées* ; une vieillesse maladive et pleine d'infirmités sera le partage de leurs derniers jours. On *n'*a le droit de récolter que les choses qu'on a *semées*.

34. — On aura toujours à cœur de s'acquitter de ses devoirs à moins qu'on *n'ait* aucune dignité dans le caractère. Ceux qui se sont *crus* dispensés du travail pour arriver au succès ont été *déçus* et se sont *reproché* trop tard une erreur des plus funestes qui *aient* trompé la présomption humaine. Ne *ris* pas des autres si tu veux qu'on ne *rie* point à tes dépens. Qu'importe qu'on t'*ait* montré tes défauts et qu'on t'*ait* mis bien des fois en présence de tes manquements, si tu *restes* le seul qui *soit* de ton avis et qui *prétende* que tu *aies* toujours raison. Les vaniteux se sont toujours *proposés* comme étant les plus capables de triompher de toute difficulté, mais ils n'ont jamais *su* en prendre les moyens.

35. — Nous avons *entendu* les réponses que ces élèves nous ont *fournies* et nous les avons *laissés* travailler, afin de voir quels embarras ont *éprouvés* ceux qu'on nous a *signalés* comme étant les plus habiles, et aussi quels succès ils ont *eus* dans la lutte contre les difficultés qu'on leur a *présentées*. *Quelques* belles dispositions qu'*ait eues* un enfant, il échouera aux examens s'il n'est attentif, car on ne réussit à corriger les fautes d'orthographe qui *échappent*, qu'autant qu'on a soin de les chercher et qu'on *n'*a de soi qu'une opinion modeste. *Quelles que* soient les règles dont il s'agit dans cette dictée, et *quelque* difficiles qu'elles vous semblent de prime abord, vous les appliquerez à propos et bien si vous avez recours à l'analyse.

36. — Nous avons *connu* des enfants qui se sont *laissé* entraîner par de mauvais exemples et qui sont *devenus* insolents et moqueurs. Ne *ris* pas des autres si tu ne veux qu'on te méprise et qu'on *rie* de toi-même. *Ignores-tu* qu'il ne faut pas que nous *voyions* la paille qui est dans l'œil d'autrui. On *n'*est aimé des autres qu'autant qu'on les aime soi-même. Au lieu de se moquer de ceux qui sont *disgrâciés*, on devrait les consoler, car il ne faut pas qu'on se *croie* dispensé d'aider ceux qui souffrent. Parce qu'on *n'*a fait aucun mal à son prochain, on *n'*est point quitte avec lui pour cela. Ceux qui se sont *proposé* d'être *charitables* et qui n'en ont rien fait s'en sont *repentis* au jour du jugement.

37. — Combien d'enfants ont *dû* regretter les instants et même les heures *perdus* à l'école ! *Quelque longues* que vous *paraissent* les journées passées à l'école, n'oubliez pas qu'elles vous sont *données* pour acquérir des trésors auxquels rien n'est comparable parmi les biens d'ici-bas. On perd sa fortune bien souvent, mais on *n'a* aucune crainte de perdre les talents et les vertus que l'on a *acquis* en classe. C'est un gagne-pain toujours assuré, surtout quand au savoir se joint la bonne conduite. A quoi vous ont *servi* tous les amusements pris sur les heures destinées au travail ? Vous vous êtes peut-être *demandé* à quoi *serviraient* tant de choses qu'on vous a *forcés* d'apprendre. Ne voyez-vous pas que notre intelligence est comme un champ que Dieu nous a *donné* à cultiver et qui doit porter ses fruits.

38. — Je souhaite que tu *aies* bon souvenir des conseils que tu as *reçus* et des leçons qu'on t'a *données*, ma fille. Beaucoup de jeunes filles qui s'étaient *demandé* à quoi *pourraient* bien servir tant de leçons, aussitôt *oubliées* qu'*apprises*, sont *restées* indifférentes aux études. Les mois, les années *même* se sont *succédé* sans qu'elles soient *sorties* de leur apathie, mais plus tard, elles se sont bien *repenties* d'avoir perdu tant d'heures précieuses. Tu t'*es trompée* sur le compte d'une personne qui t'est *connue* et tu t'*es laissée* aller à des suppositions blessantes bien qu'on t'*ait blâmée* déjà en pareil cas et que je t'*aie* moi-même *avertie* de tes défauts.

39. — Les personnes que nous avons *rencontrées* nous ont *salués* et nous ont *parlé*. Les choses qu'elles nous ont *racontées* nous ont *plu* et nous nous sommes *proposé* de les rencontrer de nouveau, *quelque* grandes que *soient* les précautions dont elles se sont *entourées* pour qu'on *n'*ait plus à les revoir ici. Les élèves instruits ne se laisseront point *arrêter* par les difficultés qui précèdent, *quelque* grandes qu'elles leur semblent tout d'abord. Qu'ils se rappellent les règles qu'ils ont *étudiées*, afin que nous *voyions* s'ils savent les appliquer.

40. — Les devoirs et les compositions que nous avons *corrigés* l'an dernier nous ont *paru faibles*. Le sens des rédactions fournies *manque* de justesse. En orthographe, peu d'aspirants nous ont satisfaits. Chez ceux mêmes qui ont *réussi*, il y a peu de copies *où* l'on *n'*ait trouvé quelques fautes. Les difficultés les plus connues ont *suffi* pour arrêter des aspirants qui s'étaient *crus* très *assurés* du succès. Certaines négligences nous ont *déplu*, car elles révélaient le peu d'application *montré* durant l'examen. *Quelque faciles* que *soient* les épreuves, beaucoup d'application est nécessaire, ainsi qu'on vous l'a *recommandé*. Travaillez ferme afin qu'on *voie* bien que vous ne vous êtes pas *laissé* arrêter par les difficultés et que vous n'avez pas *négligé* de les résoudre.

41. — Le goût des parures voyantes, si *ordinaire* chez les jeunes filles, *dénote* des dispositions à la vanité et *expose* la vertu de celles qui se sont *laissé* tenter par l'amour des colifichets. Combien se sont *perdues* pour avoir *suivi* les conseils de la gloriole ! Tout au contraire, celles qui ont *su garder* la simplicité chrétienne se sont *assuré* l'estime des personnes sensées. Les mérites d'une personne ne se *mesurent* pas à sa toilette, mais à ses vertus. Telle qui s'est *montrée* toujours sage, *quels que soient* sa parure et ses ajustements, est *sûre* de l'estime générale ; telle autre n'y a pas réussi, bien qu'elle se *croie distinguée* entre toutes. On *n'*a d'ordinaire que ce qu'on mérite et les rôles les plus modestes sont les plus sûrs, même quand *ils semblent* fort à dédaigner.

42. — La pauvreté n'est pas un vice, quand elle n'est pas la conséquence de nos défauts. Notre-Seigneur l'a *honorée* durant les *trente-trois* années qu'il a *vécu* sur la terre. Nous négligeons trop d'imiter notre modèle. On *n*'estime d'ordinaire que les choses qui coûtent *cher*, que les gens qui affichent l'opulence. Il n'y aura pourtant de *sauvés* que ceux dont les vertus seront semblables à celles qui nous ont été *montrées* dans la personne du Sauveur. Si les pauvres songeaient à la dignité de leur condition, ils béniraient Dieu de les avoir *préservés* des dangers de la richesse. *Quelle que soit* notre destinée sur la terre, réjouissons-nous à la pensée du bonheur éternel qui nous est *promis*.

43. — Les pauvres se montrent quelquefois jaloux du bonheur des riches, car ils ignorent tout ce que *renferme* d'ennuis et de peines la plus luxueuse habitation. Dieu, qui veut sauver tous les hommes, *prépare* pour chacun des épreuves ; personne n'en est exempt, même ceux qui semblent les plus heureux ici-bas. Il n'y a que ceux qui auront *ressemblé* à Jésus-Christ par les souffrances qui seront *sauvés*. Est-ce que les saints, les amis de Dieu ne sont pas ceux qui ont le plus souffert, qui ont été le plus *éprouvés ?* Ne nous décourageons pas quand nous sommes *affligés*, mais songeons que le ciel nous attend et que tous les hommes souffrent, *quelle que* soit leur condition.

44. — Il y a des marchandises à la mode qui *coûtent* plus qu'elles ne valent. Mais, la prétendue distinction que l'on a *recherchée* en les achetant n'est qu'une illusion de la vanité. Les étoffes solides durent plus longtemps et habillent mieux que les autres. C'est par une vaine prétention que les pauvres ont *voulu* imiter les riches et se sont *empressés* d'acheter des marchandises qui leur étaient *cédées* à bas prix, parce qu'elles ne valaient pas *cher*. Ces étoffes ont *duré* peu de temps et on *n*'a pu les remplacer faute d'argent. Ceux qui les ont *achetées* auraient *dû* se contenter d'acheter du simple et du solide.

45. — Les peines de cette vie *exercent* le juste châtiment du péché. Cependant la bonté divine les adoucit pour ceux qui les acceptent sans murmurer. Pourquoi se révolter contre ce que Dieu ordonne ou promet? *Il s'est trouvé* des hommes qu'on a *entendus blasphémer*, parce que la température n'était pas à leur gré; est-ce qu'ils ont *pu* y changer quelque chose? Ne serait-il pas plus sensé d'avouer que nous sommes *dépendants* de Dieu et qu'il vaut mieux subir ce qu'on ne peut empêcher que de s'en irriter? Ceux qui, dans les peines qu'ils ont *endurées*, se sont *humiliés*, en pensant à leurs péchés, ont été *seuls raisonnables*. *Quelles que* soient les peines qui nous arrivent, il ne faut pas que nous *oubliions* qu'elles nous acquièrent des mérites et qu'on *n*'aura pas à se repentir de les avoir *endurées* patiemment.

46. — Je souhaite que vous *n'oubliiez* pas le degré d'application que *réclament* cette composition et le succès de vos examens. Le peu d'attention *apporté* à ces épreuves *serait suivi* d'élimination, car la multiplicité des fautes que l'on a *laissées dénote* l'insuffisance, *quels que soient* d'ailleurs la facilité qui s'y révèle et le soin extérieur. Bien peu *songent* suffisamment à faire le moins de fautes *possible*. Aussi, arrive-t-il que l'élimination est plus grande qu'on ne l'aurait *pensé*, si l'on *n*'en avait l'expérience. Ne dis pas que les difficultés que je *t'ai proposées* étaient différentes de celles qu'on *t'a appris* à vaincre. Ce n'est pas moi qui *voudrais* t'embarrasser et je ne suis pas le seul qui *t'ait* mis dans le cas de redire des choses que l'on *t'a entendu* tant de fois répéter. Que de problèmes, que de questions *même* des plus difficiles n'*as-tu* pas déjà *résolues!* *Avoue* que tu *t'es* depuis longtemps exercé en vue de ce qui *t'est* proposé, *souffre* que l'on *t'éprouve* et *mets* tous tes soins à t'en tirer avec honneur.

47. — Le grand nombre d'écrivains que la France se glorifie d'avoir *produits excite* l'admiration de tous les peuples. Mieux que les batailleurs, ces écrivains l'ont *élevée* au rang qu'elle a *gardé* de nos jours. Les plus estimables sont sans contredit ceux qui ne se sont *servis* de leur talent que pour honorer la vérité, ceux que l'on *n'a* jamais *vus* sacrifier leurs croyances à une réputation suspecte : les suffrages des honnêtes gens leur ont *suffi*. Ils ont honoré la religion par les choses qu'ils en ont *publiées* et c'est par là qu'ils ont *plu*. Il y a sans doute peu d'auteurs *où* l'on *n'ait trouvé* quelque chose à relever, *quels que soient* l'attention et le soin qu'ils *aient apportés* dans leurs travaux, mais on le leur a *pardonné* en raison des efforts qu'ils avaient *faits* en vue du bien.

48. — Il y a des satisfactions que n'a jamais *connues* celui qui ne suit pas les conseils de la douceur. Gardez en votre cœur les enseignements que vous *donne* la religion. Ceux qui ont toujours *su* se contenir, quand on leur a *manqué*, quand on les a *maltraités* et qui ont *pardonné*, ne s'en sont jamais *repentis ;* ils se sont *sentis* plus *satisfaits* que ceux qui avaient *laissé s'exhaler* leur ressentiment. Rien n'est plus agréable que la douceur qu'on a avec ses semblables « Bienheureux ceux qui sont doux parce qu'ils posséderont la terre ». Si les hommes violents qui ont *frappé* leurs adversaires s'étaient *contenus* comme ils l'auraient *dû*, on *n'*eût pas eu autant de meurtres à déplorer. Les saints se sont toujours *montrés* doux et aucun sacrifice ne leur a *coûté* quand ils ont *voulu* garder la paix avec autrui.

49. — La jeunesse est *dépourvue* d'expérience ; et, si l'on *n'*a soin de la *conseiller* souvent, on aura bientôt lieu de s'en repentir. Les enfants voudraient une liberté sans limites et se *montrent* fort *mécontents* dès qu'on met obstacle à leurs tendances et à leurs prétentions. Ils devraient se rappeler que les plantes qu'on a *laissées* pousser de travers seront *déformées* pour toujours et que les caractères qu'on a *négligé* de redresser pencheront toujours vers le mal, car nous y sommes *portés* par notre nature déchue et nos mauvaises inclinations. Rien n'est difficile comme un changement d'habitudes *contractées* depuis longtemps. « Qui a bu boira » dit un proverbe, pour montrer que d'ordinaire on reste ce que l'on est, *quels que* soient les efforts que l'on tente pour se corriger.

50. — Les savants ont *essayé* de compter la multitude des étoiles *semées* dans les espaces célestes ; mais ils ont *dû* s'arrêter devant l'impossible, car ils n'ont *pu* explorer l'étendue des cieux *où existent* d'innombrables étoiles à peine *entrevues*. Il semble que Dieu n'*ait* voulu nous livrer qu'une faible partie des merveilles de sa puissance, afin d'humilier l'orgueil des hommes, toujours *fiers* de leur science. *Quelque étendues* que *soient* nos connaissances, nous ignorerons toujours les secrets de la vie que Dieu a *répandue* dans l'univers, dans les végétaux et les animaux, *même* dans ceux qui sont près de vous. D'*où* vient qu'au printemps des fleurs et des fruits sortent de la terre? Nul ne le sait : on explique comment la sève agit, mais on *n*'en connaît guère la nature intime.

51. — L'étude des questions qui se *trouvent* dans les programmes que vous avez *suivis, présente* des difficultés. Nous supposons que vous n'avez pas *reculé* devant ces difficultés qui exigent de l'application, et que vous avez bien *employé* votre temps. C'est pour vous en *récompenser* que nous sommes *venus* et que nous avons *voulu* vous faire subir l'examen qui précède la remise des certificats. Les parents de ceux qui auront *réussi* dans les épreuves, qui vous sont *proposées*, seront *satisfaits* et se montreront *fiers* des succès obtenus par leurs enfants. Il en sera de même dans les épreuves de la vie : on *n'a* de succès qu'autant qu'on s'en est *donné* la peine, *quelles que soient* les difficultés à vaincre.

52. — *Quels que soient* vos connaissances et votre savoir, soyez *sûrs* que d'autres en *possèdent* de plus *étendus*. Ces connaissances vous seront bien *utiles ;* vous aurez, comme tous les hommes, à lutter contre *mille* difficultés qui vous attendent et que vous n'avez pas encore *prévues*. Que *désirent* vos parents en vous faisant instruire? Que vous *soyez prêts* quand la lutte viendra : tel est le but de l'éducation. Il vous faudra d'abord lutter contre vous-mêmes pour ne pas céder devant les scandales et les tentations ; vous devrez ensuite vous défendre contre des ennemis *cachés, pleins* d'habileté ; les nécessités de la vie se feront sentir souvent très *dures :* mais ayez confiance, Dieu vous aidera.

53. — Pour rendre *utiles*, selon ce que *désirent* vos parents, l'éducation et l'instruction que vous avez *reçues*, il faut que vous n'*oubliiez* pas les conseils et les leçons qu'on vous a *donnés*. Les enfants qui se *croient fort savants* parce qu'on leur a *enseigné* les éléments de l'arithmétique et de l'orthographe se *préparent* bien des mécomptes. Le peu que vous avez *appris* n'est qu'un début ; l'expérience sera pour vous une école *tout* autrement rude ; tenez-vous *prêts, quels que soient* votre science et votre savoir. Il conviendrait qu'on *engageât* les enfants à relire leurs livres de classe et leurs cahiers, car on oublie facilement et on *n'*entretient son savoir qu'à force de répétitions.

54. — Les fleurs que le Créateur a *répandues* dans la nature nous *invitent* à lui adresser nos hommages. Leurs belles couleurs ont *charmé* nos yeux et les ont *réjouis*, leurs parfums ont *embaumé* nos habitations et nous ont *plu*. *Quelque* petites qu'elles soient, on *n'*est jamais fatigué d'admirer la variété infinie de leurs couleurs. Aux impies qui s'étaient *proposé* de nier l'action constante de la Providence sur le monde, il a *suffi* de montrer le soin qu'elle prend des créatures *même* les plus infimes, pour qu'ils *aient* été *confondus*. Les hommes sont *entourés* de merveilles qu'ils ne voient plus, faute d'attention. Dieu est près d'eux par sa grâce, il est visible dans ses œuvres, il est dans son adorable sacrement et les hommes s'y montrent *insensibles !*

55. — Cette dictée ne sera pas plus difficile que ne *l'étaient* celles des années précédentes. Les enfants qui vous ont *devancées* en ont *triomphé*, vous ferez de même. Montrez-vous fort *raisonnables* et bien *attentives*, comme elles l'ont fait, afin que l'on *n'ait* que peu de fautes à relever sur les épreuves qui vous sont *imposées*. Celles d'entre vous qui auront bien *travaillé* seront *récompensées* comme elles l'ont *espéré*. *Quant* aux autres qui n'ont pas fait ce qu'elles ont *dû*, nous les laisserons *retourner* chez elles, *dépourvues* du titre qu'elles ambitionnaient. Donnez à vos parents la joie de penser que les années qu'ils vous ont *accordées* pour vous instruire n'ont pas été *perdues*, et *quelque* grands sacrifices qu'ils *aient faits* pour vous ils les trouveront *légers*.

56. — La jeunesse légère et inexpérimentée a besoin d'être *conseillée*. Les enfants qui se croient *sûres* d'elles-mêmes se trompent souvent plus que les autres et s'aperçoivent trop tard des fautes dans lesquelles elles sont *tombées*. *Quels que soient* votre intelligence et votre savoir, vous commettrez bien des fautes si vous dédaignez les avis de ceux que Dieu a *placés* près de vous pour vous guider. Les présomptueux portent tôt ou tard la peine de leurs démarches irréfléchies, même alors qu'ils croient avoir *réussi*. On *n'*arrive au succès que par une application soutenue, et pour réussir en tout, il faut du travail et de la réflexion.

57. — Les personnes qui ont *suivi* les conseils de la sagesse et qui ont *vécu* sagement jouissent durant leurs vieux jours du bien-être que *procurent* la sobriété et un travail modéré. Celles qui ont *pratiqué* la charité se sont *fait* de fidèles amis. *Quant* à celles qui ont blessé le prochain, elles se sont *fait* détester : on *n'*est aimé des autres qu'autant qu'on sait les aimer soi-même. Au lieu de se moquer de celles qui sont *disgrâciées*, on devrait les consoler; car il ne faut pas qu'on se *croie* dispensé d'aider ceux qui souffrent. Celles qui se sont *proposé* d'être charitables et qui se sont ensuite *contentées* de n'en rien faire seront mal *accueillies* de Celui qui regarde comme fait à lui-même tout ce que l'on aura fait pour le prochain.

58. — Les émotions de l'orgueil *agitent* bien des cœurs et *troublent* bien des âmes ; les enfants y sont fort *sensibles*, les vieillards eux-mêmes n'en sont pas *exempts*. La plupart des querelles qui brouillent les hommes sont *nées* de l'orgueil, qui nous fait exagérer nos mérites et n'admet pas qu'ils soient *contestés*. Voyez cette enfant *gâtée* : à la moindre remontrance, vous la trouvez *irritée*, la lèvre tremblante, l'œil enflammé ; et ses pareilles ne sont pas rares ; si elles se sentaient les plus fortes chacun devrait s'enfuir. Tous les révoltés sont disciples de Satan et non de Notre-Seigneur qui a dit : « Apprenez de moi que je suis doux et humble de cœur. » Rien n'est plus désagréable que la société des orgueilleux, ils se rendent *détestables quels que* soient d'ailleurs leurs mérites.

59. — Vos examens seront *faciles* si vous avez bien *travaillé*, si vous vous y êtes *préparés* comme il convient. Appliquez-vous cependant avec toute l'ardeur dont vous êtes *capables*, car il peut se présenter des difficultés que vous n'auriez pas *prévues*. *Quels que soient* nos occupations et le travail auquel nous nous appliquons, il ne faut pas que nous *oubliions* d'y apporter toute notre attention ; afin d'honorer Dieu qui nous les a *imposés* : on *n*'arrive d'ailleurs au succès qu'à force de soins ; il n'y a que les présomptueux qui s'imaginent triompher sans peine de toute difficulté. Ceux-là se préparent des déceptions. *Quant* aux autres, ils seront *récompensés* comme ils l'auront *mérité*.

60. — L'habitude des occupations ordinaires de la vie, *prépare* pour ceux qui s'y livrent une existence honnête et heureuse. Bien des occupations auxquelles un enfant se trouve astreint lui *semblent* fort *inutiles*, même celles qui regardent son instruction, car il ne sait pas encore que c'est l'habitude des *mille* soins de la vie qui les a *rendus faciles* pour tant de personnes que nous voyons *tout occupées* du matin au soir. Le travail que la justice a *imposé*, depuis Adam, à tous les hommes est *devenu* un agrément par sa bonté, et par sa miséricorde un préservatif contre le danger des vices, dans quelque condition que l'on *ait vécu*.

61. — L'habitude du travail est une des plus précieuses que l'on *ait* pu contracter dans l'enfance. Rien n'est funeste comme les habitudes de la nonchalance que *contractent* les enfants inoccupés. Les paresseux sont pleins de désirs ; mais *dès* qu'ils sont *obligés* d'agir, les forces leur manquent. S'amuser, tuer le temps, telle est la vie d'un homme inoccupé et inutile. Ceux qui le croient heureux se trompent : l'ennui, la plus incurable des maladies, *dévore* les paresseux. Nous en avons *connu* qui s'étaient *montrés repentants* et nous avaient *paru disposés* au travail ; mais bientôt ils retombaient dans l'inaction, *quelques* belles remontrances qu'on leur *adressât*.

62, — Les enfants qu'une éducation soignée a *éclairés* sur leurs devoirs ne seront ni *trompés*, ni même *troublés* par les paroles légères ou insensées. Si des impies se sont *persuadé* qu'ils les feraient rougir de la foi qu'on leur a *enseignée*, ils ont mal *jugé* d'eux ; car ils les ont *vus continuer* de suivre les *voies* de la sagesse, dont ils n'avaient pas *rougi*. On *n*'aurait point de respect humain si l'on était mieux affermi dans sa foi et l'on s'inquiéterait peu des méchants, *quels que fussent* leurs plaisanteries et leurs sots discours. N'*oublie* pas, mon enfant, que Notre-Seigneur a dit : « Je rougirai devant mon Père de ceux qui auront *rougi* de moi devant les hommes.

63. — Bien des jours se sont *écoulés* depuis le moment *où* vous êtes *entrés* dans les écoles. Si vous les avez bien *employés*, si vous avez bien *travaillé*, vous triompherez des difficultés qui vous seront *présentées*. Pour rendre *utiles* tant de leçons, on *n*'a rien négligé; on vous a *répété mille* fois les mêmes choses, afin de les graver dans votre mémoire; et ainsi, *quelles que* soient les questions qui vous seront *adressées, même* les plus difficiles, vous saurez les résoudre sans difficulté; car nous ne sortirons pas des programmes que vous avez *suivis* durant vos classes. Dès aujourd'hui vous reconnaîtrez que ceux qui ont bien *employé* leur temps seront mieux *préparés* que les autres aux luttes de la vie.

64. — *Quels que* soient les peines et les chagrins qu'une personne *ait endurés*, on *n'*aura jamais le droit de supposer qu'elle les a *mérités*. Nous devons respecter les souffrances d'autrui, *quelle qu'en ait été* la cause. Dieu rend *semblables*, par l'épreuve, tous les prédestinés et nous devons des égards même aux méchants que *frappe* sa justice; car nous devons penser que les ayant *châtiés*, il leur a *pardonné*. Il ne faut pas que nous *oubliions* notre rôle d'accusés pour usurper celui d'accusateurs. Pécheur! qui que tu sois, *attends* ton tour et *prends* garde au conseil que je te donne; car tu *expieras* en ce monde ou en l'autre tous tes méfaits, *même* les moins graves.

65. — Les jouissances de ce monde nous *coûtent cher;* on ne les acquiert que par un travail persévérant, on ne les conserve pas sans *mille* soucis, il faut les quitter au moment de la mort. « Amassez-vous donc des biens que la rouille ne détruit point. » C'est-à-dire des mérites qui seront éternellement *récompensés*. Au jour du jugement, nos idées actuelles seront bien *renversées;* telle personne qui s'était *vue entourée* d'hommages, de considération, se trouvera *dénuée* et plus pauvre que telle autre que le monde avait *méprisée*. *Quelle que* soit ici-bas votre condition vous serez grands dans le ciel, si vous y arrivez *riches* de vertus : rappelez-vous qu'on *n'*y emporte que des mérites seuls.

66. — La propreté des vêtements *honore* ceux qui les portent; il n'y a que les négligents qui en oublient l'avantage.

Mais, ma fille, ne *confonds* pas le luxe avec la propreté : celle-ci ne coûte que des soins, celui-là exige beaucoup de frais inutiles. Ne t'*efforce* pas d'imiter le luxe des riches ; des habits de laine *payés habillent* mieux que des vêtements de soie que l'on doit. Les toilettes exagérées te rendent ridicule, tu n'*éblouis* que les esprits superficiels, ceux qui ont des goûts tels que les tiens. *Quant* aux autres ils se demandent comment tu *as pu* te procurer ces objets, si tu les *as payés*, si ton rang te permet pareil étalage. *Quelle que* soit ta condition, mets-toi toujours de telle sorte qu'on *n'ait* qu'à t'approuver.

67. — Nous avons *connu* des personnes chargées de famille, et qui, au lieu de s'occuper de leurs devoirs, se montraient fort négligentes, passaient leur temps à ne rien faire ou à médire sur le compte du prochain ; rien n'était réglé ni suivi dans la maison et le désordre était partout. Les enfants mal *élevés* contractaient des habitudes de paresse et de mauvaise conduite, ils ignoraient même leurs prières. De telles mères sont bien *coupables ;* leurs enfants auront *grandi* dans le mal et elles en seront *responsables* devant Dieu. *Quelles que* soient ses charges, une mère chrétienne en sort toujours à son honneur, grâce au bon emploi de son temps ; ses enfants seront sa gloire, ils seront *bénis* de Dieu et jouiront de l'estime générale.

68. — « Dis-moi qui tu hantes et je te dirai qui tu es. » Tel est l'ancien proverbe. Voulez-vous devenir sage et bonne, fréquentez l'enfant que *distinguent* la sagesse et la bonté. On *n'*imite que ceux avec qui on s'est lié d'amitié. *Quelles que* soient les qualités extérieures d'une jeune fille, ne soyez point *séduites* par ces dehors, vous toutes qui recherchez des amies par vanité. Les qualités du cœur valent mieux que les avantages extérieurs. Qu'*importent* les belles paroles, si de mauvaises pensées sont *cachées* dans le cœur et s'en *échappent* pour vous scandaliser. Ma fille, ne *va* pas dans les sentiers des méchants, car des fleurs semées sous leurs pas *s'échappe* un poison subtil dont les effets pernicieux te seront *connus* trop tard. Heureux les enfants qui ont *grandi* sous l'œil vigilant de parents sages.

69. — Enfants, vous n'avez peut-être jamais *remarqué* la beauté des récits de la Bible, bien qu'on les *ait lus* et que vous les *ayez entendu* raconter très souvent. Il ne faut pas que vous *oubliiez* ces grands événements qui nous montrent les effets de la puissance divine. A la voix du Créateur tout sort du néant et quand la méchanceté des hommes est *arrivée* à son comble, les eaux s'élèvent plus haut que les montagnes et *noient* tous les méchants; Israël fuit devant Pharaon et voilà que la mer s'ouvre laissant passer les Hébreux. L'Égyptien, regrettant de les avoir *laissés* partir, les suit vers la route que Dieu leur a *tracée;* mais aussitôt il est englouti. Les eaux du Jourdain se sont *retirées* comme celles de la mer, le soleil et la lune se sont *arrêtés* en leur faveur.

70. — Notre-Seigneur étant sur la terre aimait à s'entourer des enfants, à les bénir; « leurs anges, disait-il, voient la face de mon Père. » Il a *menacé* ceux qui les scandalisent par de mauvais exemples. Fuyez donc les méchants camarades dont les paroles sont légères et qui n'*observent* pas la loi de Dieu. C'est pour les avoir *écoutés* et avoir *suivi* leurs détestables conseils que de malheureux enfants se sont *perdus* et sont *tombés* dans le mal. L'enfant sage n'oublie pas ce que lui *recommandent* ses parents; il aime Dieu, se souvenant des biens qu'il en a *reçus* et songeant aux bienfaits qu'il en attend : il craint d'offenser cette Majesté souveraine devant laquelle *tremblent* les anges et qui a toujours les yeux ouverts sur nous.

71. — Nous nous sommes souvent *demandé* si les enfants qui se sont *présentés* devant nous pour subir les examens s'y étaient *préparés*. Nous en avons *entendu* qui semblaient avoir *étudié* les matières de ces examens et nous avons *résolu* de nous montrer *sévères* à l'égard des élèves paresseux. Nous sommes *tout disposés*, on le sait, à user d'indulgence en faveur de ceux qui ont fait ce qu'ils ont pu. *Quelle que* soit la mesure d'intelligence qu'*ait montrée* un enfant, avec un travail persévérant il peut à votre âge répondre aux questions qui vont vous être *posées, même* aux plus difficiles. Faites en sorte que l'on *voie* bien que vous n'avez pas *négligé* les devoirs qu'on vous a fait faire.

72. — Ce n'est pas la science ni l'argent qui font l'homme de bien. Les avantages que *présente* une bonne conduite sont bien préférables. *Quels que soient* votre richesse et vos talents vous ne jouirez d'une vraie considération qu'autant que vous serez honnêtes : on *n*'estime que ce qui doit l'être. Il n'y a que les sots ou les ambitieux qui s'inclinent devant l'opulence mal acquise et qui *restent* bouche close devant les impertinences des prétendus savants. Devant notre Juge suprême tous les fanfarons du vice et de l'orgueil feront triste figure. Ils se diront en voyant la joie des humbles et des petits de ce monde : « Les voilà donc ceux que nous avons *méprisés* sur la terre; ils sont glorieux et nous sommes *confondus* pour l'éternité : malheur à nous! »

73. — Pardonnons à ceux qui nous ont *fait* tort ou qui nous ont *nui*, même dans les choses de peu d'importance. C'est par la douceur que les saints ont *brillé* et se sont *attiré* l'estime universelle. N'oublions pas les règles que nous *impose* la justice divine à cet égard. Ceux qui ont toujours *pardonné* ont *goûté* les joies les plus pures que l'homme *ait senties;* joies que n'ont pas *connues* ceux qui se sont *laissé* guider par la haine. On *n*'obtiendra miséricorde qu'autant qu'on aura été miséricordieux. *Quelle que* soit la dette du prochain envers nous, elle n'atteindra jamais les proportions de celle que nous avons *contractée* envers Dieu. Qui que tu sois, si tu ne sais pardonner tu *prononces* ta condamnation quand tu *récites* le Pater : n'en *doute* pas un instant.

74. — Pendant que l'Evangile était *porté* jusqu'aux extrémités du monde par d'intrépides missionnaires, l'Europe était *agitée* par des hérétiques que l'Eglise a *condamnés* parce qu'ils avaient *prêché* l'erreur et *trompé* les consciences. Durant un demi-siècle la France fut *déchirée* par ses guerres de religion et l'Allemagne fut *dévastée* par les fureurs du fanatisme. C'est l'esprit d'orgueil qui a *inspiré* ces révoltes. Il s'est trouvé des hommes que les passions mauvaises ont *poussés* dans les *voies* de la rébellion et quantité de sots et de pervers n'ont pas *manqué* de les imiter, et les ont *suivis* dans les sentiers mauvais *où* ils se sont *engagés*. Mais les chrétiens dociles mieux *avisés* n'ont point *risqué* de *s'égarer*, parce qu'ils ont *écouté* ceux que Dieu leur avait *donnés* pour *guides*.

75. — Quelques enfants après avoir *obtenu* leur certificat se sont *figuré* qu'ils pouvaient prétendre à tout, parce qu'ils s'étaient *crus* bien *savants*. Mais on les a *désabusés* en leur montrant combien d'enfants avaient *remporté* les mêmes succès aux examens. Un diplôme pareil à celui que *possèdent* presque tous les autres enfants ne *constitue* pas un grand privilège, *quelle que* soit la place que l'on *ait obtenue*. Cependant on accordera toujours plus d'estime aux enfants qui se sont *placés* les premiers dans l'ordre du mérite et un certificat portant la mention « Très Bien » sera toujours un honneur pour l'enfant qui en sera pourvu ; car on *n*'a d'ordinaire que ce que l'on mérite.

76. — La jeunesse est la plus belle époque de la vie : tout sourit, c'est l'âge des *mille* projets. A vingt ans de là, les choses auront *changé* : le sérieux de la vie apparaît avec son cortège d'obligations difficiles. Déjà beaucoup d'entre vous auront *disparu ;* les uns auront *franchi* les degrés de la prospérité, les autres seront *restés* parmi le commun des hommes. Est-il besoin de dire que ceux qui auront *réussi* sont ceux qui dès l'école se sont *distingués* et se sont toujours *proposé* d'occuper les premiers rangs ; que ceux qui n'auront pas *su* élever leur condition sont ceux qu'on a toujours *vus inappliqués* et qui se sont *laissé* dominer par la paresse. On *n'*a d'ordinaire que ce que l'on mérite.

77. — Une jeune fille chrétienne est la joie et l'honneur de sa famille; elle se fait *toute* à tous et rend à ses parents tous les services *possibles.* On *n'*a d'ordinaire qu'à se louer de sa docilité et on aurait *mille* regrets de la contrister. Qu'on la *voie seule* ou en compagnie, toujours même modestie dans ses allures. Les secrets qu'on lui a *confiés, même* les mieux *faits* pour exciter la curiosité, ne seront jamais *révélés. Quelles que* soient les ruses qu'on emploie pour la surprendre, elle sait garder toutes choses dans son cœur par l'habitude qu'elle a *contractée* d'agir en la présence de Dieu. Nous ne l'avons pas *trouvée* trop *préoccupée* d'elle-même et ses paroles nous ont *plu.* Les avantages dont la nature l'a *douée* ne lui ont *servi* que pour faire le bien.

78. — Ma chère Cousine. — Les livres que tu nous as *redemandés* ne sont pas *restés* chez moi ; je les ai *prêtés* à une amie qui ne les a pas encore *rendus. Prends* patience, je te les enverrai bientôt. La lecture de ces livres nous a fort *édifiées,* ma sœur et moi. Nous sommes très contentes que tu nous les *aies prêtés* et nous te remercions de ta complaisance. Je mets *tout* à ta disposition ceux que j'ai *reçus* dernièrement. N'en *achète* pas sans me consulter, car il y en a de mauvais qui se cachent sous les apparences des bons. *Ecoute* mes conseils, *conduis*-toi bien et *sois* toujours sage.

79. — En attendant que *reviennent* les beaux jours, il faut subir la gelée et la neige produites par le froid. Ces duretés de l'hiver *exercent* notre patience et nous rendent plus *robustes.* Les montagnards qui habitent le voisinage des glaciers de la Suisse, sont *aguerris* par les rigueurs de la température et sont gens plus vertueux que les habitants des climats chauds, tels que ceux de l'Italie *où règnent* l'oisiveté et tous les vices. Nous-mêmes ne sommes-nous pas plus *agissants* durant l'hiver qu'aux jours d'été.

80. — Qui n'admire les allures gracieuses des enfants et les charmes dont la nature les a *doués*, surtout à l'âge *où* ils semblent s'ignorer eux-mêmes et avant qu'on *ait* éveillé en eux l'amour-propre qui les rendra si prétentieux. Leur simplicité nous ravit, la limpidité de leurs regards *reflète* l'azur du ciel, leur innocence rappelle le paradis terrestre de cet heureux âge que les poètes ont *appelé* l'âge d'or. Mais tout s'évanouit dans cet ensemble *dès* qu'on les a *gâtés* par les louanges inconsidérées ; alors *s'éveillent* l'égoïsme et la vanité qui *gâtent* nos meilleures qualités ; alors l'affectation remplace la naïveté, l'enfant fait montre de choses qu'on a *louées* imprudemment devant lui et prétend qu'*on n'ait* d'autre souci que de s'occuper sans cesse de son petit personnage, *quelque modestes* que *soient* sa condition et son entourage.

81. — Les personnes qui répètent les choses qu'elles ont *entendu* raconter *s'exposent* à *mille* désagréments. Les amateurs de nouvelles perdent un temps précieux en d'inutiles propos ; leur curiosité n'est jamais *rassasiée* car un déluge de nouvelles *inonde* l'univers ; chaque jour les journaux en sont *remplis*. *Laisse*-là ce journal et *reprends* tes occupations : il y a *mille* choses qu'une jeune fille ne doit pas lire. Il en est même que tu *lis* sans crainte et qui ne sont pas sans danger à ton âge, car on ne les apprend qu'aux dépens de l'innocence. Que de personnes ont *perdu* le repos dans ces distractions qui coûtent *cher*, puisqu'elles nous causent de tels dommages ! Elles se sont *crues* d'âge à tout lire, à discerner le bon du mauvais et quelques mots ont *suffi* pour les rendre *victimes* de leur présomption.

82. — Des amis m'ont appris que tu *cherches* un emploi. Je me mets tout à ta disposition pour que tu *aies* l'avantage d'être accueilli dans une bonne maison. On *n*'est bien que dans celles-là. Tu *pourras* utiliser ainsi les connaissances que l'on t'a *données* et récompenser tes parents des services qu'ils t'ont *rendus* pendant que tu es resté à leur charge.

83. — A la suite des pluies qui nous ont *inondés* et des orages qui ont *éclaté*, nous nous sommes *demandé* ce qu'*étaient devenues* quantité de belles fleurs qui s'étaient *épanouies* sous les rayons bienfaisants du soleil et dont nous avons *joui* durant les beaux jours. Nous les avons *vues décolorées* et elles ont vite *disparu*, après avoir *brillé* quelques jours. Ainsi en est-il de notre jeunesse, *quels que soient* notre condition et notre âge. Telles personnes en qui nous avions *admiré* les couleurs de la santé nous ont *semblé tout* autres et après un court délai, nous les avons *entendues* regretter bientôt ces avantages éphémères. On aurait plus de modestie si l'on *n*'était pas trompé par ce vain éclat d'un jour.

84. — Je suis heureux que tu *aies* compris les conseils que *renferme* ma dernière lettre. On *n*'avance dans les voies du bien que par la docilité. Quand on se *lie* avec quelqu'un qui *lit* de mauvais livres, il vaudrait mieux qu'on *restât* chez soi et tu *as* bien fait de rompre avec les faux amis que tu fréquentais. Un étudiant à qui des condisciples avaient *prêté* un mauvais livre les invita à venir chez lui en goûter l'agrément. Les voyant *réunis*, il prit le livre, le jeta au feu disant : « C'est le seul usage que je crois devoir en faire et le seul plaisir que j'*aie* voulu goûter en mettant la main à pareille drogue. » Nous les avons *trouvés satisfaits* et ils nous ont *paru aimables*.

85. — Les méchants se sont *dit* : « Vivons comme bon nous semble ! » et on les a *vus* se livrer sans honte à tous les excès. Dieu les a *laissés* vivre comme ils l'ont *voulu* par respect pour la liberté qu'il leur avait *donnée*, en vue du bien auquel ils étaient *appelés*. Il les a *avertis* par la *voix* de ceux qui avaient mission de les ramener dans les *voies* du bien et il les a *at-*

tendus mais en vain. Les années qu'ils ont *vécu* sur la terre n'ont *servi* qu'à les rendre plus *coupables*. Nous les avons *entendus* insulter tout ce que nous révérons et répondre aux observations sages par des blasphèmes. Qu'espèrent-ils après une telle vie ? N'est-ce pas pour eux qu'ont été *réservés* les châtiments éternels ? Il ne faut pas que nous *oubliions* que si Dieu est bon, il est juste et que cette justice s'exercera sur ceux qui ont *méprisé* ses commandements, rien n'est plus certain.

86. — Ne t'*effraie* pas à l'excès des questions qui vont t'être *posées*. On te demandera moins de choses que tu n'en as *étudié* ; mais on désire que celles que t'a *enseignées* ton école *soient* bien *sues* et que le peu de science qui t'en sera *restée* porte ses fruits. Jusqu'ici quelques efforts t'ont *suffi* pour réussir, mais les éloges dont tu t'es *prévalu* n'étaient que des encouragements ; car, dans les compositions que tu as *fournies*, il en est peu *où* l'on *n'ait trouvé* des fautes, *même* des plus apparentes. Toutefois, la quantité de fautes que l'on a *remarquées montre* quelles difficultés tu as *dû* vaincre ; il t'en sera *tenu* compte et *quelque* difficiles que *t'aient paru* ces exercices, ils ne sont pas au-dessus des moyens que tu as *montrés*.

87. — Les enfants qui aiment leurs parents de tout leur cœur ne *manquent* point l'occasion de leur être *agréables*. Ils se sont *appliqués* durant les classes avec cette bonne pensée qu'un jour ils rapporteraient *tout triomphants* un beau certificat comme preuve du bon emploi de leur temps et ils ont atteint le but qu'ils s'étaient *proposé*. Les épreuves qu'ils ont *subies* sans se déconcerter nous ont *semblé suffisantes*, pour que le titre qu'ils ont *ambitionné* leur soit *accordé*. Ainsi se *succèdent* d'ordinaire le travail persévérant et la récompense qu'il mérite.

88. — *Heureuses* sont les jeunes filles que de sages parents ont *élevées* dans la crainte de Dieu et qu'une éducation chrétienne a *tournées* vers le bien *dès* leur enfance. On ne les a point *vues* se livrer à des joies mondaines, à des plaisirs dangereux ;

elles se sont bien *gardées* de cette curiosité coupable qui porte à la recherche des lectures frivoles, elles ont *fui* la société des personnes légères. Elles ont *tenu* compte des conseils qu'on leur a *adressés* et n'ont point pris part aux jeux qui scandalisent le prochain. Dieu les a *bénies* et *quelle que* soit leur condition, elles seront la joie et l'honneur de leur famille.

89. — Les hommes par des inventions que l'art a *trouvées* ont su dompter les animaux qui les surpassaient par la force ; ils ont même *fléchi* par adresse les créatures inanimées : les plantes ont été *forcées* de leur fournir la nourriture, les venins *mêmes* leur ont *servi* de *remède*. *Quelque* éloignés que soient les astres, on en a *mesuré* les distances et on les a comme *obligés* de rendre compte des routes qu'ils ont *suivies* dans les espaces célestes. D'*où* vient cela ? De Dieu qui a voulu que l'homme *s'efforçât* de soumettre la nature à ses besoins.

90. — Pour vous être *utile*, pour adoucir les épreuves qui seront *subies* par celles d'entre vous qu'*effraie* l'attente des examens nous vous donnerons quelques conseils. Peu et bon, voilà ce que *comporte* toute épreuve d'examen. Appliquez-vous aux notions essentielles. Les élèves bien *exercées* nous ont *fait* des réponses qui nous ont *plu* et nous ont *satisfaits*, tandis que d'autres nous ont *laissés* mécontents, car on *n*'exprime bien que ce que l'on sait bien. Avant tout, sachez les grandes vérités que nous *enseigne* le catéchisme. A quoi nous *serviraient* la science et le talent sans l'art de bien vivre ! Quand, après cela vous nous aurez *répondu* sur le calcul et l'orthographe, nous serons indulgents sur le reste.

91. — La jeunesse est le printemps de la vie. Quand nous voyons la terre se couvrir de fleurs, nous sommes *pleins* d'espoir, car nous comptons qu'après les fleurs viendront les fruits. De même, les dons brillants qui ornent la jeunesse, *annoncent* une vie pleine de promesses. Toutefois il faut distinguer entre les fleurs qui après avoir *brillé* d'un vif éclat *restent stériles dès* que leur parure a *disparu*, et celles plus modestes qui sont *remplacées* par de beaux fruits et sont *suivies* d'abondantes récoltes. La jeunesse qui se dépense en brillantes frivolités passera comme les fleurs inutiles : celle qui s'épanouit après une sage culture du cœur et de l'esprit portera des trésors de vertu qui sont les fruits d'une bonne vie.

92. — Les enfants que la tendresse maternelle a *préservés* des peines de la vie durant leur jeune âge, n'ont point *connu* les privations qu'*endure* le pauvre. Chacun leur a *souri dès* leurs premiers pas et ils n'ont *vu* que des visages riants. Mais *quelle que* soit leur condition, des jours viendront *où* il faudra affronter les peines que *comporte* la vie, et les enfants élevés trop doucement seront les moins capables de résister aux épreuves auxquelles chacun doit être soumis. Quelle erreur de croire qu'on aime ses enfants alors qu'on leur permet tout et qu'on cède à tous leurs caprices ! Et qu'ils sont bien mieux *inspirés* les parents qui savent corriger les défauts qu'ils ont *remarqués* dans leurs enfants !

93. — L'enfance est *entourée* de *mille* pièges tendus sous ses pas. Elle entend des paroles scandaleuses qu'elle répète facilement, elle voit des images qui troublent son cœur et *souillent* son imagination ; elle *lit* des livres *où* l'erreur habilement *déguisée* se cache sous les apparences de la vérité. Que fera-t-elle pour échapper à ces périls? Elle se rappellera les recommandations qu'elle a *reçues*, elle écoutera les conseils de ceux que la Providence a *placés* près d'elle pour la guider dans tout ce qu'elle entreprend. On lui a *appris* que les mauvais entretiens préparent les mauvaises mœurs, on lui a *dit* que tel fruit gâté suffit pour corrompre les autres et qu'un peu de levain aigrit la pâte ; n'est-ce pas l'avertir de tous les dangers qui la menacent.

94. — Entre tous les biens que la Providence nous a *départis*, le don de la vue nous semble merveilleux. C'est par les yeux que nous jouissons du spectacle de la création. Qu'y a-t-il de plus riant que le doux coloris des fleurs, si *varié*, si *nuancé*, de teintes délicates. Avez-vous compté les reflets multiples du plumage qu'*étalent* dans nos *basses-cours* le coq et le paon ? Plus remarquable encore est l'éclat dont *brillent* le colibri et l'oiseau-mouche. Mais rien n'est plus beau que l'immensité des plaines qui déroulent jusqu'à l'horizon la variété de leurs richesses *considérées* du sommet d'une montagne. Et si nous portons nos regards vers la voûte azurée durant une belle nuit, nous y voyons *briller* des milliers d'astres étincelants. Cette vue élève nos pensées vers les immortelles demeures *où brille* d'un éclat incomparable la bienheureuse assemblée des élus. Quand on songe à tous les dons que Dieu nous a *faits,* on *n*'a que des louanges à lui adresser et des remerciements sans fin.

95. — L'économie permet au pauvre de vivre à l'aise, au riche de faire des libéralités. Combien de pauvres vivraient dans une honnête médiocrité, s'ils savaient économiser: et que de prodigues n'a-t-on pas *vus* implorer le secours de gens qu'ils avaient *comblés* de leurs profusions. Nul ne doit abuser des dons de la Providence. Le pauvre lui-même a sa part dans ces dons, bien qu'il se *croie* toujours déshérité : à lui d'en user sagement et il reconnaîtra que la misère est d'ordinaire le fruit de l'inconduite et de l'imprévoyance. De son côté, le riche ne doit pas oublier que les biens qu'il a *reçus* sont un *fonds* que la Providence lui a *confié* et dont il rendra compte.

96. — *Quelque attentives* que *soient* les personnes qui s'occupent de ces examens, il est arrivé quelquefois que des aspirantes ont *trompé* la surveillance exercée autour d'elles et qu'il s'est trouvé des copies faites d'après une autre. De telles choses sont *défendues* et méritent d'être *punies* même par l'exclusion des amies trop dévouées. On *n*'a guère lieu de se montrer fière d'un titre obtenu par de tels moyens; on aurait plutôt sujet d'en rougir. Ce n'est pas sans raison que nous avons *séparé* les élèves d'une même maison. Aller contre ces précautions, c'est une fraude répréhensible. Celles d'entre vous qui se seront *laissé* copier seront *éliminées* comme celles qui les auront *copiées*. *Quant* à celles qui ne corrigent qu'à *demi*, qu'elles soient bien *averties* que les mots surchargés ou indécis seront *jugés* comme *insuffisants*. Quand des syllabes finales ont été *surchargées*, il faut pour les rendre *lisibles* ne pas négliger d'écrire nettement au-dessus la correction telle que vous l'entendez : entasser le oui ou le non sur un endroit douteux n'est qu'une ruse grossière qui mérite les sévérités de l'examen.

97. — Les certificats que vous êtes *venues* demander ne vous seront *accordés* que si vos réponses nous semblent satisfaisantes. *Quelle que* soit notre bonne volonté pour vous, nous sommes *tenus* de rester dans les limites de la justice. Relisez bien ce qui vous a été dicté afin de corriger toute faute que vous auriez *laissée*. Nous avons *entendu* bien souvent des enfants expliquer telle difficulté qui les avait *arrêtés* d'abord. N'est-il pas regrettable qu'on ne sache point tirer *parti* des choses que l'on a *étudiées?* A quoi *serviraient* en réalité des connaissances que l'on ne saurait appliquer. Quand vous serez *interrogées* ne vous contentez pas de réciter les règles, mais expliquez chacun des cas qui se présentent, montrant ainsi que vous comprenez ce que vous dites. Si l'on *n*'a étudié que légèrement, on est vite troublé. Tenez-vous donc prêtes. Celles qui ont *réussi* précédemment s'étaient bien *préparées*. N'oubliez rien des principes qui vous sont *connus* et rendez-nous *facile* la *tâche* que nous nous sommes *imposée* en votre faveur.

98. — Chaque année nous avons *regretté* de voir des enfants se *présenter* dans cette salle comme s'il s'agissait d'une partie de plaisir, et nous nous sommes *demandé* comment ils osaient apporter si peu d'attention aux questions qui leur étaient *posées*. *S'il* s'en *trouvait* parmi vous qui fussent *tentés* de prendre ces examens pour de vaines formalités, nous leur dirions : Tenez-vous pour *avertis ;* selon que vous vous serez *montrés* bien *appliqués* ou *dissipés*, nous serons indulgents ou sévères. Quand on *n*'a travaillé ses compositions que légèrement, on a manqué aux obligations qu'*impose* tout examen. Si vous l'oubliez nous serons *forcés* de vous le rappeler. Vos négligences nous rendent *difficile*, plus qu'il ne convient, la *tâche* que nous nous sommes *imposée* en vue de vous être *utiles*. Comprenez-le bien et soyez ce que vous devez être, nous serons ce que vous désirez que nous *soyons*, *indulgents même* pour vos faiblesses.

99. — Nous devons travailler à nous instruire puisque notre avenir dépend de ce que nous saurons faire; nous devons de même cultiver tous les dons que Dieu nous a *faits*, car il faudra lui en rendre compte. Plus nous aurons *reçu*, plus il nous sera *demandé*. Que personne donc ne se *croie* dispensé de travailler à se perfectionner en tout et que chacun rende hommage à la Divinité des bienfaits qu'il en aura *reçus*. Quand on *n*'a d'ardeur que pour s'amuser ou s'enrichir et qu'on oublie pourquoi nous avons été *mis* sur la terre, on offense Dieu et on se rend indigne de ses dons. *Puissent* ces quelques paroles rester *gravées* dons vos cœurs.

100. — Voici les vacances! L'idée d'être *délivrés* de tout travail vous ravit. Calmez-vous : vous n'aurez pas de joie réelle si vous n'emportez d'ici la preuve que vos heures de classe ont été bien *employées*. Vous apprendrez tous les jours de votre vie, que le devoir accompli peut seul rendre heureux et content. Ceux d'entre vous qui se sont toujours bien *conduits* dans l'école deviendront des hommes estimables, s'ils persévèrent. *Quant* à ceux qui se sont *amusés* au lieu de travailler, ils ont déjà *contracté* des habitudes qui les domineront et leur seront *funestes*. La pente vers le mal est glissante et il faut bien des efforts soutenus pour la remonter quand on y a mis les pieds.

101. — Parmi les compositions qu'on nous a *rendues*, il s'en est *trouvé* qui nous ont *semblé* n'avoir pas été *revues* avec soin. D'autres nous ont *plu* et nous avons *admiré* comment des enfants encore jeunes arrivaient en peu de temps à posséder les règles essentielles de l'orthographe et de l'arithmétique, *quelque* grandes que semblent les difficultés qui s'y trouvent. Pour peu qu'on *ait suivi* des examens, on *n'éprouve* aucune peine à distinguer le travail des élèves studieux de celui des enfants négligents qui comptent sur l'indulgence des examinateurs. Sachez que beaucoup ont été *déçus* dans leur espoir.

102. — Il s'est rencontré des personnes qui ont *trouvé* que ces examens étaient difficiles et que les difficultés sur lesquelles ont *porté* nos questions sortaient des programmes. Nous croyons que ces personnes se sont *trompées*. Que *signifieraient* des certificats obtenus sans connaissances réelles? Si des enfants peu instruits se sont *trouvés* dans l'embarras en présence des questions qu'on leur a *adressées*, d'autres nous ont remis des compositions qui nous ont *plu* et nous ont *prouvé* que nos questions ne dépassaient point le niveau d'intelligence d'enfants de votre âge.

103. — Quand vous aurez atteint l'âge de la majorité, gardez-vous de vous considérer comme *affranchis* de tout devoir à l'égard de ceux à qui vous avez toujours *obéi* et qui ont *protégé* votre enfance. Honte aux fils dénaturés qui oublient les soins dont on les a *entourés* et les peines que leurs parents se sont *imposées* pour les élever! Si la loi civile vous *délie* de certains devoirs, jamais vous ne serez *déliés* de ce que vous *imposent* le respect et la reconnaissance *dûs* pour tous les sacrifices que vous avez *coûté*. *Quelque grandes* que *soient* pour vous l'affection et l'indulgence de vos parents, rien n'autorise une familiarité déplacée : respectez en eux les représentants de Dieu sur la terre, ayant des égards pour leurs infirmités, pour leurs défauts *même*, afin qu'on *n'ait* rien à vous reprocher et qu'on *voie* en toute occasion que vous avez *grandi* au sein d'une bonne famille.

104. — Tout ce qui nous environne manifeste la puissance de la bonté divine. Bien *aveugles* sont ceux qui ne voient pas les merveilles répandues autour d'eux. Entre tous les *chefs-d'œuvre* de la création en est-il qui soient comparables à la créature humaine faite à l'image de Dieu. Quelle admirable organisation dans ses sens, quels beaux sujets d'étude nous *offre* son âme! C'est pour n'avoir pas *considéré* ces grandes choses que tant d'hommes ont *méconnu* leur sublime destinée et se sont *dégradés* par une vie *tout* animale. On les avait *instruits* de l'avenir qui les attendait, mais ils se sont *complu* dans leur folie et se sont *laissé* entraîner au mal.

105. — Quelques personnes nous ont *demandé* s'il ne serait pas équitable de rendre plus *faciles* nos examens, puisqu'on l'a fait pour ceux des écoles publiques. Semblables questions nous ont déjà été *adressées* et nous y avons *répondu*. Telle mesure de savoir suffit pour l'enfant qu'*appellent* les occupations de l'atelier et pareils certificats peuvent être *délivrés* à tous les enfants sortant des écoles publiques. Nos certificats, au contraire, sont *gradués* selon un ordre de mérite établi après concours, et le classement des lauréats nous *impose* des épreuves difficiles, car il importe que les plus instruits *aient* les moyens de se placer les premiers.

106. — On ne saurait trop louer les parents qui forment l'enfance aux habitudes pieuses et recueillies, non seulement à l'église mais dans les familles *mêmes*. C'est par l'exercice habituel de la présence de Dieu que se *sanctifient* les âmes, celles que Dieu a pour *agréables*. Quand nous songeons aux grandes destinées que sa bonté nous a *préparées*, nous nous sentons portés vers Lui et ces pensées donnent plus de sérieux à tout ce que nous faisons. Aussi conçoit-on peu d'estime pour les gens à mine distraite, pour la jeunesse aux airs évaporés, car bien *différents* se *montrent* ceux qu'une bonne éducation a *formés*.

107. — Il n'est pas nécessaire que vous *soyez* bien savantes, mais il importe que vous *soyez* sages. Quand on vous invite à travailler, on *n'a* pas seulement pour but de vous instruire, on veut que vous *travailliez* pour vous accoutumer aux nécessités de cette vie qui comporte toutes sortes d'obligations. Les personnes qui ont pris l'habitude du travail s'en *acquittent* avec goût et y trouvent plaisir et profit. Rien n'est donc plus utile que de se plier à tout *dès* l'enfance. Toutes celles qu'on a *exercées* de bonne heure à faire ce qu'on leur a *recommandé* en ont *recueilli* les fruits et se sont *senties* bien heureuses d'avoir toujours *obéi*.

108. — Les arbres desquels on veut obtenir de bons fruits sont *taillés* et *nettoyés* avec soin. De même les enfants doivent être *débarrassés* de leurs défauts, si l'on veut que leur vie produise des fruits de vertu. Ceux que l'on a *corrigés* dès l'âge le plus tendre se sont *montrés* plus *dociles* que ceux qu'une tendresse aveugle a *laissés* s'émanciper sans aucun frein. Et de même que les arbres bien *entretenus* ont meilleure apparence que les autres, les enfants bien *conduits*, bien *dirigés* se montrent plus *convenables* que les enfants *délaissés*. Heureux ceux qui ont *grandi* sous l'œil de leurs parents et ont toujours *obéi* !

109. — L'année dernière beaucoup d'enfants se sont *vu* renvoyer parce qu'ils n'avaient pu résoudre les problèmes qu'on leur avait *dictés*. Ils étaient *venus tout satisfaits* d'eux-mêmes et *persuadés* que de faciles succès les attendaient. On les a *avertis* bien des fois du danger auquel ils s'exposaient, mais sans résultat. Ils ont *abordé* l'examen avec l'insouciance qn'ils ont toujours *montrée* dans les classes et ils ont *échoué* dans les épreuves qu'ils ont *subies*. Ils l'avaient bien *mérité*, direz-vous, et c'est vrai. Que chacun de vous s'efforce donc d'agir mieux. Soyez sérieux et attentifs. *Quelque* vive que soit votre intelligence, elle vous fera défaut si vous n'êtes *calmes* et *recueillis*. Quand on *n'a* rien vu de ce qui pourtant était sous les yeux, c'est qu'on avait l'esprit distrait. On vous a *recommandé* bien des fois aussi de rester silencieux même quand vos compositions sont *terminées*. Ne faut-il pas que les aspirants qui sont en retard *aient* la facilité d'achever leur besogne?

110. — Beaucoup d'enfants aiment trop les jeux de leur âge. Ceux qui s'y livrent sans mesure *contractent* des habitudes de dissipation. Il y a un temps pour tout. Il n'est de *vraie* récréation qu'autant qu'on a bien *employé* les heures destinées au travail, car le repos n'est *dû* qu'à ceux qui ont *supporté* la peine. Les paresseux sont toujours inquiets parce qu'ils ont honte d'eux-mêmes. Les recommandations qu'on vous a *adressées* à ce sujet sont *dictées* par l'affection que vous *portent* les personnes que la Providence a *placées* près de vous. Mais *quelques* bons conseils qu'on vous *ait donnés* et *quelle que* soit la bonne volonté de ceux qui s'occupent de vous, rien n'aura raison de votre légèreté si vous ne la combattez vous-mêmes.

111. — Si vous avez bien *profité* des leçons que vous avez *reçues* et des soins qu'on vous a *donnés*, vous réussirez aux examens, *quelles que* soient les questions qui vous seront *proposées*. Les élèves qui ont bien *travaillé* et qui se sont *occupés* de leurs devoirs durant l'année, comme on le leur a *recommandé*, triompheront des difficultés que *présente* chaque épreuve ; et nous pourrons dire à ceux que *trouble* la pensée de ces épreuves qu'ils auraient tort de s'inquiéter à l'excès. *Quant* à ceux qui n'ont pas *étudié*, il est juste que l'on *ait* plus de sévérité à leur égard puisqu'ils n'ont pas tous les droits à notre indulgence.

112. — Les gens bien instruits sont plus rares qu'on ne pense.

Beaucoup ont *étudié* à la hâte et ont plus vite *oublié* ce qu'ils savaient. De tout ce que des enfants ont appris, il ne reste bientôt que des souvenirs confus, des lambeaux de connaissances sans ordre ni suite. Il importe de travailler longtemps et sérieusement à nous instruire. Notre intelligence est un *fonds* que Dieu nous a *donné* pour le faire valoir et produire des fruits. Rien ne vient sans culture, *excepté* les mauvaises plantes. Voilà pourquoi les enfants qui n'ont pas développé en eux les bonnes qualités seront *remplis* de défauts qu'ils ne pourront détruire quand ils auront *grandi*.

113. — Les réponses que ces élèves nous ont *fournies* nous ont *plu* et nous ont *satisfaits*. Nous les avons encore *laissés* travailler, afin de voir quelles difficultés ont *rencontrées* ceux qui ont moins bien *réussi* que les autres. Nous nous sommes *demandé* ensuite si les questions que nous leur avions *posées* ne dépassaient point leurs forces et nous avons reconnu que ceux qui s'étaient *appliqués* sérieusement avaient *laissé* peu de fautes. N'est-ce pas toujours ainsi ? *Écoute*, mon enfant, et *prends* note de mes conseils : on *n'*échoue d'ordinaire que faute d'application : si tu mets tous tes soins à tes compositions, tu réussiras *quelles que soient* les difficultés de l'examen.

114. — Ma fille, dis-moi qui tu *fréquentes* et je te dirai qui tu es.

D'*où* sors-tu ? et *où* as-tu reçu les soins qu'*exige* toute bonne éducation ? Que *penses*-tu faire pour assurer ton avenir ? Je te conseille d'y penser, car nous avons *vu* bien des jeunes filles qui s'étaient *proposé* de se bien comporter et qui se sont *égarées* parce qu'elles se sont *trouvées dépourvues* de direction. Ne *compte* pas sur *quelques* bons désirs que tu ressens dans ton cœur si tu ignores quels devoirs t'attendent. On *n'*observe les lois de Dieu qu'autant qu'on les connaît et l'on *n'*est vertueux qu'à force de pratiquer la vertu. Aimer Dieu et observer sa loi, tels sont les effets d'une éducation sagement *dirigée*. Tous ceux qui sont *sortis* de cette *voie*, se sont *perdus*.

115. — Les enfants que l'on a *élevés* dans la crainte de Dieu seront plus heureux que les autres, car leur conduite sera meilleure. On les a *accoutumés* à aimer le bien et à fuir le mal ; ils savent se *détourner* de ce qui est mauvais et quels efforts *exige* la vertu. Les autres l'ignorent ; ils suivent la pente *où* les *entraînent* tous les instincts mauvais. Ces malheureux oublient les recommandations qu'on leur a souvent *adressées* ou s'en moquent. Ils se croient *libres* d'agir selon leur gré et ne voient pas qu'ils se rendent *esclaves* de leurs passions. Malheur à ceux qui les imitent, ils en seront *punis* tôt ou tard, tel est le sort qui leur est réservé, telle sera la suite de leurs torts, *quelles que soient* leurs illusions à cet égard.

116. — Rien n'est beau comme l'Écriture-Sainte *où* nous sont *révélés* les secrets de la sagesse divine et *où* se *voient* les merveilles opérées en faveur de l'homme. La divine bonté nous a *parlé* et ses paroles ont été *entendues* de tous ceux qui ont *prêté* l'oreille à sa *voix*. *Quelques* beaux discours que nous *ait légués* l'antiquité profane aucun n'approche de la sublimité des Livres saints. Que de fois nous avons été *remués* jusqu'au *fond* de l'âme par la lecture des traits si touchants de la vie de notre adorable Sauveur, si indulgent et si doux ! Les souffrances qu'il a *endurées* nous montrent son amour pour nous et les âmes généreuses se sont *efforcées* de l'imiter. Heureux celui que ne *laissent* pas insensible de tels exemples !

117. — Les règles de l'orthographe ne sont pas difficiles quand on sait réfléchir. Si vous les appliquez mal bien souvent c'est que vous n'y mettez pas toute l'attention voulue. On vous a *exercés* sur les verbes et les participes tous les jours durant l'année, ne faut-il pas qu'on *voie* aujourd'hui ce que vous avez *retenu* de tant de leçons qui ont été souvent *répétées* et qu'on vous a *expliquées* avec persévérance. A l'enfant inattentif, je dirai : « Si tu *échoues* dans tes compositions n'est-ce pas parce que tu *négliges* de t'appliquer? Mets-toi donc résolûment au travail et fais ce que je te recommande. Quand on échoue par négligence, on *n'a* que ce qu'on mérite. Les examens n'ont point été *établis* pour donner à tout élève qui s'en va un certificat de fin d'études, mais un titre et une attestation bien *mérités*.

118. — Tout l'avenir de la jeune fille dépend de *l'emploi* qu'elle fera des années de son adolescence. Malheur à celles qui cèdent à de perfides conseils, à de funestes liaisons et que la vanité emporte loin des yeux de leur mère! les souillures de la neige sont irréparables et l'innocence *perdue* ne se *retrouve* plus. Rien n'est glissant comme les sentiers du mal *où* tant d'âmes se sont *perdues*. Dans quelque condition que le ciel vous *ait* fait naître, rappelez-vous que la plus belle de toutes les parures est la candeur qui sied si bien à votre âge et ne rejetez pas les conseils qui vous auront *déplu* par leur sévérité. Mieux vaut un ami sévère qu'un complaisant ennemi; on *n'en* fait que trop souvent l'expérience.

119. — Voici le temps des classes *terminé;* le travail vous attend et bientôt vous prendrez rang parmi les hommes qui travaillent. *Là* se *trouvent* des pièges que vous ne soupçonnez point. N'imitez pas les ouvriers dans leurs défauts. Tels qui se croient *grandis,* parce qu'ils portent un cigare aux lèvres et ne saluent plus ceux qu'ils respectaient autrefois, ne sont que des sots; les vices grossiers les auront bientôt *vieillis* et *rendus méprisables*. *Quant* à vous, ne vous séparez point de ceux qui se sont *dévoués* pour vous et qui vous ont *guidés* jusqu'à présent. Allez les retrouver dans les patronages *où* vous serez reçus à bras ouverts et *où* se sont *formés* tant d'honnêtes jeunes gens et d'honorables pères de famille que nous avons *connus*.

120. — Voulez-vous élever votre condition et occuper dans le monde une position honorable? Conduisez-vous bien.

Si vous dites : « je fais comme les autres », je vous répondrai : Faites mieux que les autres, sinon vous resterez au rang des autres. Les hommes qui ont *vécu* sagement jouissent durant leur vie de l'estime publique et leur vieillesse est *honorée*. Après un certain nombre d'années ils ont *amassé* une aisance qui leur assure le repos sur leurs derniers jours. Évitez toute espèce d'excès. Ceux qui, par avarice, se *livrent* trop longtemps à des travaux qui épuisent leurs forces, se rendent *coupables*. Ceux qui, par paresse, ne font rien, s'*exposent* toujours à la misère et *contractent* tous les vices. On *n'*attend rien de bon d'un débauché. Voulez-vous qu'on vous *voie* de bon œil et qu'on vous considère ? Soyez sages.

121. — La grandeur de notre âme est supérieure à ce que nous en pouvons penser. Dieu nous a *formés* de ses mains, il nous a faits *semblables* à lui et tels qu'il a *voulu* que nous fussions.

Nous étions *devenus* des objets de haine à ses yeux par le péché, il nous a *envoyé* un Rédempteur qui a pris sur lui nos iniquités, qui les a *expiées* et qui a souffert pour nos péchés, même pour les fautes qui nous semblent *légères*. Notre âme est donc l'œuvre de Dieu et le prix de son sang. Bien *coupables* sont ceux qui oublient ce qu'a *coûté* leur âme et qui la livrent sans honte au péché. *Quelles que soient* les séductions du démon, une âme pénétrée de sa dignité sait résister quand les plaisirs coupables lui sont offerts, elle se sent *tout* heureuse, toute consolée d'avoir *préservé* du mal l'œuvre de son Créateur et rien n'excite en elle autant de joie.

122. — N'oublions pas ce que valent nos actions *même* les plus simples. A chaque instant nous pouvons perdre le ciel ou le gagner ; selon que nos actions demeurent conformes, ou non, à la volonté divine, exprimée dans les commandements. Il ne faut pas penser que nos actions, *quelque* petites qu'elles soient, n'*aient* pas d'importance aux yeux de Dieu, du moment qu'elles sont *accomplies* dans le dessein de lui plaire; car les mérites de Jésus-Christ auxquels les nôtres sont *unis* donnent à ceux-ci une valeur qu'ils n'eussent point *eue* pour eux seuls. Si nous étions *pénétrés* de cette vérité nous éviterions les actions coupables et même celles qui nous semblent *indifférentes* et qui sont mauvaises par cela même qu'elles ne sont pas *bonnes*, puisque notre vie *tout* entière doit porter des fruits de vie. On *n*'oublie que trop souvent ces conseils de sagesse.

123. — Ma fille, je te souhaite tous les dons du ciel et je veux que tu *aies* plus encore de vertu que d'esprit. Fais bien tes devoirs, *travaille* ferme et mets-toi à l'étude moins avec le désir d'acquérir la science qu'avec l'espoir de trouver la sagesse. Je me suis souvent *demandé* si tu vois bien *où* te *mènent* les études. Ce n'est ni à la gloire ni à la renommée. Dieu te préserve de pareille ambition. Tu t'es *trompée* si tu *as cru* que l'ensemble de tes qualités *t'élevait* bien au-dessus des autres élèves qui ont *suivi* tes cours, crois-en ta mère qui t'est *dévouée* et qui ne voudrait pas te tromper. Parce que tu t'es *vue* la première tu as *conçu* une haute idée de toi-même; il se peut aussi qu'on *t'ait louée* trop souvent et que tu te sois fait illusion sur tes mérites, bien que je *t'aie avertie* à ce sujet. On *n*'est vraiment supérieur aux autres qu'autant qu'on ne croit pas l'être.

124. — Les médisants et les moqueurs ont toujours *pensé* s'élever en rabaissant les autres; mais ils se sont *trompés*, car on les a *jugés* sur leurs mérites. Rien n'est odieux comme cette tendance d'orgueil qui porte au mépris d'autrui et se manifeste par de sots propos. Les grandes âmes ignorent ces bassesses et l'on *n*'en trouve d'exemples que chez les esprits vains et malicieux. *Quels que soient* les défauts du prochain, et *quelque risibles* que *semblent* telle personne et telle autre, la prudence veut que nous ne *riions* de qui que ce soit avant de nous être *considérés* nous-mêmes et la charité exige que nous respections en chacun l'image de Jésus-Christ.

125. — Que de richesses nous *ramène* le printemps! La nature *tout* entière étale ses fleurs et ses fruits. Au loin se *voient* d'immenses plaines qui préparent de riches moissons. A ce spectacle de la nature embellie par la divine Providence, l'homme sent son cœur s'élever vers l'Auteur de tous les biens. Mais *quels que soient* ces dons exposés sous nos yeux, ils comptent pour peu en présence de ceux que la bonté infinie nous a *destinés!* Aux enfants d'Israël, Dieu promettait les biens de la terre, mais à ceux qui ont *connu* le Christ et qui ont *suivi* sa loi, il assure une gloire et un bonheur *auxquels* rien n'est comparable.

126. — Les plantes puisent leur nourriture dans le sol par leurs racines et respirent dans l'air par leurs feuilles. Leur vie s'appelle la végétation. Mais comment arrive-t-il que deux graines à peu près semblables *déposées* dans le même sol s'*élèvent* l'une à cent pieds, l'autre à dix? Pourquoi dans l'une trouve-t-on des sucs bienfaisants, alors que dans l'autre se *trouvent* des poisons? Nul ne le sait. Voilà des secrets que Dieu s'est *réservés* pour nous forcer à admettre d'autres mystères qu'il ne nous a pas *dévoilés*. *Quels que soient* notre savoir et notre intelligence, il y aura toujours quantité de choses que nous n'aurons jamais *sues*. Qui pourrait savoir ce que Dieu sait serait aussi grand que lui. Aussi tous les hommes sages, les plus grands génies *même*, se sont *plu* à s'humilier devant la sagesse infinie. On *n*'est jamais plus digne d'estime que quand on sait s'abaisser.

127. — Les difficultés d'orthographe qui vous ont *arrêtés* aux examens précédents et que l'on a *attribuées* au défaut d'habitude de la langue française nous *semblent* diminuer pour vous à mesure que *s'avancent* les années. Ceux d'entre vous qui ont bien *travaillé* nous ont remis des compositions que nous avons *corrigées* avec une satisfaction réelle. Il est clair que ceux qui ont *suivi* très attentivement les leçons qu'on leur a *données* ont bien *réussi* dans leur examen. *Quelque* difficiles que soient les questions qu'on vous a *posées*.

128. — Heureux les enfants qu'une éducation chrétienne a *éclairés* sur tous leurs devoirs ; ils ne seront ni *égarés*, ni *troublés* par les discours mauvais, parce qu'ils savent ce que *comportent* un propos léger et une parole perfide. Si des insensés se sont *persuadé* qu'ils vous feraient rougir des choses qu'on vous a *enseignées*, prouvez-leur qu'il se sont *trompés*, et soyez fermes dans la *voie* qu'on vous a *tracée*. On connaît la valeur de l'arbre aux fruits qu'il a *produits* : montrez donc, en tout ce que vous êtes, quels fruits salutaires et abondants *prépare* la jeunesse formée au bien, afin qu'on *voie* déjà vos bonnes dispositions et qu'on *n'ait* qu'à se louer des sacrifices que votre instruction a *coûté*. Que d'hommes devenus illustres se sont *félicités* d'avoir entendu les sages recommandations qui vous sont *adressées*.

129. — Les livres contiennent beaucoup de choses utiles quand ils sont bien *choisis* et qu'on sait les lire comme il convient. Ce n'est pas en feuilletant un grand nombre de pages que les savants se sont *instruits*, mais en lisant attentivement quelques bons livres. Tels qui prétendent tout lire et tout savoir n'amasseront que des connaissances très superficielles qui seront bien vite *oubliées*. *Quant* à ceux qui lisent pour s'amuser, ils s'appauvriront l'esprit comme les gourmands se ruinent l'estomac en mangeant sans cesse toutes sortes de friandises. Les caractères sérieux et les personnes sensées dédaignent ces fades lectures *où* tant de personnes perdent un temps précieux, *usent* leur santé et *énervent* leur âme. Il faut savoir faire bon usage des biens que la Providence *a mis à* notre disposition.

130. — Les gens bien instruits sont plus rares qu'on ne croit. Beaucoup ont *étudié* à la hâte et ont *oublié* plus vite encore ce qu'ils savaient. De tout ce que des enfants ont *appris* en quelques mois passés chaque année dans les écoles, il ne reste bientôt que des souvenirs confus, des idées sans ordre. Nous devons donc travailler longtemps et sérieusement à nous instruire; car notre intelligence est un *fonds* que Dieu nous a *donné* pour le faire valoir et produire des fruits. Rien ne vient sans culture, *excepté* les mauvaises plantes; voilà pourquoi les enfants qui n'auront pas *développé* en eux les bonnes qualités seront *remplis* de défauts qu'ils ne pourront détruire quand ces défauts auront *grandi* avec eux.

131. — Les enfants qui, l'année dernière, ont *obtenu* des prix et que l'on a *récompensés* ont *dû* redoubler d'ardeur au travail. Et maintenant qu'ils sont *arrivés* au moment de quitter l'école, ils désirent recevoir un certificat montrant à chacun qu'ils ont *profité* des leçons qu'on leur a *données*. Qu'ils se préparent donc à répondre convenablement aux questions qui leur seront *adressées* et ils obtiendront ce qu'ils désirent. Recevoir un beau certificat est un grand sujet de joie pour les enfants et aussi pour leurs parents; mais il faut qu'une faveur si *enviée* soit justement *méritée*, sinon elle serait *refusée*.

132. — Les enfants qui auront bien *travaillé* durant l'année vont en être *récompensées*, si elles nous donnent des réponses satisfaisantes. Rappelez-vous les règles qu'on vous a *enseignées* et tous les conseils que vous avez *reçus*. Il importe ici de bien réfléchir. Nous avons vu des enfants se présenter aux examens sans y être *préparées* et elles n'ont pas *réussi*. Nous sommes *tout disposés* à vous accorder ce que vous désirez, mais nous sommes justes et vous n'obtiendrez des certificats qu'autant que vos réponses seront telles qu'il faut qu'elles soient, pour satisfaire l'autorité qui préside à ces examens.

133. — Les qualités extérieures attirent les regards; nos yeux sont séduits par tout ce qui brille d'un éclat inaccoutumé. Les fantaisies, les extravagances *même* de la mode *excitent* une admiration passagère. Il semble qu'une personne vaille selon les habits qu'elle porte. Les gens sensés ne s'arrêtent pas à ces dehors et réservent leur admiration pour des avantages plus solides. De même nous sommes pleins d'égards pour telle personne en qui *brillent* la beauté et l'esprit, et nous négligeons telle autre en qui se *trouvent* les dons du cœur et les habitudes modestes de la vertu. Combien verront un jour qu'ils se sont *trompés*.

134. — Des personnes se sont *demandé* pourquoi nous nous sommes *proposé* de réunir dans chacune de nos dictées les principales difficultés de l'orthographe au lieu d'extraire d'un livre une page quelconque. On nous a *critiqués* à cet égard sans songer que, nos examens étant des concours, il est indispensable que des exercices difficiles offrent aux élèves distingués les moyens d'occuper les premiers rangs. Ne faut-il pas aussi que nous *voyions* en quelques lignes si les enfants on *étudié* les règles essentielles de la grammaire.

135. — Nous avons remarqué que les enfants qui comptent sur l'indulgence des examinateurs sont fort souvent *trompés* dans leur attente. On *n'*a d'indulgence que pour les élèves pleins de bonne volonté. Ne faut-il pas que l'on *voie* quels sont ceux qui ont *travaillé* et n'est-il pas juste que ceux qui se sont *amusés aient* le châtiment qu'ils méritent? Dès aujourd'hui *s'ouvrent* devant vous deux voies différentes : l'une qui conduit à la prospérité ceux qui l'ont *suivie*, l'autre qui mène à la misère les malavisés qui n'ont pas *su* profiter des heures qui leur étaient *laissées* pour s'instruire. Tels vous vous êtes *montrés* durant vos classes, tels vous serez toujours.

136. — La durée de vos études se *termine* par ces examens : dans quelques jours vos classes auront *cessé*. Nous souhaitons que vous *n'oubliiez* jamais les bons conseils qu'on vous a *donnés*. *Quelles que soient* les professions auxquelles vous serez *appelées*, gardez l'heureux souvenir des jours que vous avez *passés* dans l'école et revenez trouver vos maîtresses qui ne cesseront pas de vous aimer, de s'occuper de vous ; qui entretiendront dans votre cœur les bons sentiments et vous aideront à persévérer dans vos bonnes habitudes. Du travail, voilà ce que *demandent* vos parents désormais; de la conduite et de la piété, voilà ce *qu'exige* votre bonheur.

137. — Il ne faut pas que l'on se *croie* plus que l'on *n'*est. *Quelques* belles qualités que l'on *ait*, on ne doit pas en faire étalage : nous ne sommes point parfaits. Pour un mot insignifiant, telle personne s'est sentie atteinte et nous l'avons *entendue* s'écrier qu'elle ne saurait se laisser manquer d'égards. Soyons plus modestes et moins susceptibles, la modestie sied bien aux âmes chrétiennes. On *n'*est que ce que l'on est devant Dieu. *Qu'importent* les propos d'autrui. Les grandes âmes sont celles qui se sont le plus *humiliées*, et ainsi elles ont *grandi* devant Dieu et devant les hommes *mêmes*. Elles avaient appris l'humilité de celui qui nous l'a *enseignée*, se donnant en exemple pour toutes les choses recommandables, *quelque* difficiles que nous semblent ces choses.

138. — Les enfants qui ont *grandi* sous l'œil de leurs parents et qui leur ont toujours *obéi* seront *bénis* du ciel. On ne les a pas *vus*, en tous lieux, entourés de vagabonds ; car ils ont *fui* les réunions dangereuses et ne se sont point *exposés*, comme tant d'autres, à perdre le souvenir des bons conseils qu'ils avaient *reçus*. Pleins de respect pour ceux qui les ont *élevés*, ils seront des modèles d'enfants pieux. Qu'ils *aient* ou non la fortune, ils seront heureux. *Q'importent* la richesse et l'éclat si l'on est heureux par la paix du cœur ! Notre-Seigneur ne nous a pas *recommandé* de devenir *riches*, mais il nous a *pressés* d'acquérir les biens que les voleurs ne sauraient nous prendre, ceux que nous emporterons dans l'éternité et qu'on *n'*aura jamais assez *recherchés* durant cette vie.

139. — Les plaisirs mondains coûtent *cher* et trompent le cœur sans le rassasier. Que de plantes ont *péri* faute de lumière et d'air pur, que d'âmes se sont *perdues* faute de vérité et de vertu ! Beaucoup de jeunes filles s'étaient *flattées* de traverser sans danger les milieux que *fréquente* la jeunesse étourdie mais peu y ont *réussi*. Elles ont *désobéi* et se sont *laissé* entraîner par le mauvais exemple ; quand elles ont *reconnu* leurs torts, elles s'en sont *repenties*, elles se sont *proposé* d'agir d'une manière plus réfléchie, mais il était trop tard ; on les a *vues* retourner bien souvent à leurs égarements, car rien *n*'est difficile comme la résistance à des habitudes contractées sous l'empire du mauvais esprit. Les biens perdus se retrouvent difficilement : *heureuses* sont celles que de sages conseils ont *préservées* du mal.

140. — Force et douceur, telle est la manière dont la Providence gouverne le monde. Nous aussi nous sommes *obligés* d'agir avec force contre nos mauvais penchants, avec douceur contre les *maux* qui nous assaillent. Celui qui sait dompter ses passions est plus fort que celui qui sait gagner des batailles. N'ayez pas grande admiration devant ces hommes violents qui vantent leur bravoure. Que de fois nous en avons *vu* à l'œuvre de ces vaillants qu'on avait *entendus* se vanter ! Nous les avons *vus* fuir en présence de dangers ou de fatigues que *savait* affronter une femme au cœur ferme et chrétien. La vraie force vient de Dieu qui l'accorde à ceux qui ont *réussi* à s'en montrer *dignes*. La mollesse qui lui est *opposée* entretient tous les vices.

141. — Les chaleurs ayant *disparu*, voici que se *montrent* la pluie et la neige. La terre se durcit, la gelée désole le jardinier, mais elle réjouit le cultivateur quand elle n'est pas trop *prolongée* ; elle détruit les insectes et soulève la terre pour la rendre plus légère, afin que l'air et l'eau y *pénètrent* pour nourrir les plantes que l'on a *ensemencées*. L'expérience nous a *enseigné* que les hivers rigoureux sont *suivis* d'abondantes récoltes et qu'il faut bénir Dieu de toutes choses, *quelles que* soient les apparences ; car il fait tout pour notre avantage. Les biens et les maux *mêmes* sont dans les desseins de sa Providence, en vue de notre sanctification, et ainsi il arrive que des choses qui nous ont *déplu* ne nous ont pas *nui* mais au contraire nous ont bien *servis*.

142. — Les médisances ont *nui* davantage à ceux qui les ont *propagées* qu'à ceux qui en ont *subi* les effets. Les coups de langue sont des satisfactions qui coûtent *cher* et dont les personnes sages ont toujours *su* se priver. Ces prétendus jeux d'esprit sont au *fond* des méchancetés. Que telle personne *ait perdu* sa fortune, que d'autres soient *descendues* du rang qu'elles avaient *occupé*, y a-t-il là de quoi intéresser les gens par des récits malicieux ? Prenez garde qu'on ne vous *voie* un jour dans le malheur et que vous ne *voyiez* à votre tour les mauvaises langues s'exercer à vos dépens ; ne riez pas des autres, de peur qu'on ne *rie* un jour de vous-mêmes et qu'on n'*ait* sujet de vous rappeler vos torts. Mais quoi qu'il arrive, vous n'échapperez pas au châtiment que la justice divine a *préparé* pour tous ceux qui auront *manqué* de charité.

143. — Les personnes qui ont *médité* sur la durée des peines éternelles en ont été tellement *impressionnées* qu'elles en ont *frémi*. Si les hommes y songeaient plus souvent, ils prendraient le péché en horreur. Que d'imprudents, que d'insensés se sont *figuré* qu'ils échapperaient à la justice divine outragée ! Ils ont *compté* sur la miséricorde et n'ont pas *vu* que la justice a ses droits. Dieu veut nous éviter les supplices éternels et nous avertit ; mais les pécheurs se sont *crus* plus sages que lui et ont *dédaigné* ses avertissements. Que nous importe l'avenir, disent-ils ; jouissons du présent. Ils ont *gémi* sur des pertes d'argent, on les a *entendus* pleurer sur la perte d'un ami et ils ont *oublié* qu'eux-mêmes sont morts devant Dieu.

144. — Les enfants qui ont toujours *obéi* seront heureux, car c'est en obéissant à ses parents qu'on s'accoutume à la soumission aux volontés divines. Rien n'est plus important que de contracter ces bonnes habitudes de docilité. On arrive ainsi à observer sans trop de peine les pratiques de la vertu. Ceux au contraire qu'on a *laissés* s'abandonner à tous leurs caprices ne se décideront que très difficilement à vivre en vrais chrétiens, faute de s'y être *accoutumés*. On *n'*arrive à faire facilement que les choses auxquelles on s'est *exercé* depuis longtemps, *quelque* grands efforts qu'on y mette. Et qu'on ne *croie* pas que ceux qui s'acquittent des devoirs qu'on leur a *imposés* soient plus à plaindre que les autres; au contraire on éprouve une secrète joie à faire le bien, les malheureux sont ceux qui ne savent pas se décider à obéir.

145. — Deux personnes qui ne s'étaient jamais ni *vues*, ni *parlé* se sont *rencontrées* sur la *voie* du chemin de fer; elles se sont *aidées* en toute occasion et se sont *rendu* tous les petits services que l'on se rend entre gens bien appris. Telle est la vraie politesse, tels sont les usages entre personnes qui voient dans toute créature humaine l'image de Dieu et le prix du sang de Jésus-Christ. Si en présence d'autrui on *n'*a d'autre attitude que celle des animaux toujours *prêts* pour l'attaque, on manque à sa propre dignité. La politesse n'est autre chose que la charité mise en pratique et à moins qu'on *n'ait* le cœur dur et égoïste, on doit se montrer poli envers tout le monde. Les orgueilleux n'ont qu'une politesse hautaine et affectée, les chrétiens se montrent *humbles*; *quelles que* soient les personnes à qui ils ont affaire.

146. — Des examens, tels que ceux auxquels nous vous avons *appelées*, *donnent* le premier rang à l'instruction religieuse, parce que c'est dans la religion que se trouve le fondement de toute vraie science et de toute habitude vertueuse. Que de jeunes personnes se sont *perdues* en suivant la *voie* des fausses doctrines! On les a *vues* briller quelque temps, puis elles ont *disparu*, *accablées* sous le poids de la honte et du malheur, conséquences ordinaires de tout dérèglement. Les travaux manuels vous sont ensuite *recommandés* comme très utiles, car ils invitent à la modestie qui vous sied bien et sont une des ressources les plus *appréciées* qui existent dans la vie. On *n'*élève bien une famille qu'autant qu'on a les moyens de lui venir en aide.

147. — Ce ne sont pas les gens les plus instruits qui sont les meilleurs. Beaucoup ont *étudié* à la hâte et ont *oublié* le peu qu'ils savaient. D'autres sont *allés* puiser dans de mauvaises lectures des enseignements dangereux et se sont *laissé* entraîner au mal qui les a *perdus*. Qu'*importent* après tout la hauteur et l'étendue des connaissances dont on est pourvu, si l'on *n'*a en même temps la sagesse qui en règle l'emploi ? Il ne faut pas que l'on se *croie* meilleur que les autres parce qu'on aura appris plus de choses ; les hommes vertueux sont plus utiles que les hommes savants, et un jour nous serons *jugés* sur nos œuvres.

148. — On nous a souvent *demandé* de nous montrer plus indulgents, plus faciles dans le choix des exercices qui vous sont *donnés*. On oublie que nous sommes *forcés* de nous montrer *difficiles* dans le choix des questions qui entrent dans ces examens. Ne faut-il pas que les plus instruits se placent les premiers et occupent sur la liste de mérite le rang qui leur est *dû ?* Est-ce qu'il ne faut pas que le travail de toute une année *ait* son jour de triomphe ? *Quant* aux élèves qui s'effraient des difficultés de ces compositions, ils sont peut-être assez peu *dignes* d'indulgence ; car leurs craintes dénotent le peu d'efforts qu'ils ont fait pour se préparer à subir les épreuves qui leur sont *proposées*.

149. — Nous avons *entendu* des enfants raisonner assez bien les règles de l'orthographe et *laisser* néanmoins dans les dictées qu'on leur a *données* des fautes que n'y *aurait* pas *laissées* tout élève attentif. Rien n'est opposé au succès des études, *même* les plus faciles, comme cet oubli de tout sérieux que *dénotent* tant d'enfants qu'on eût mieux *instruits* s'ils s'étaient *montrés* plus *réfléchis*. A la veille des examens ils ont espéré regagner en quelques heures d'application ce qu'ils avaient *perdu* durant des mois entiers, mais bien en vain et voici l'heure *où* il faut que l'on *voie* ce que *rapportent* l'étourderie et la dissipation.

150. — Les examinateurs *même* les plus difficiles n'ont d'autre désir que de vous adoucir les épreuves auxquelles vous êtes *soumis* aujourd'hui. Toutes les fois que vous avez *réussi* sur les difficultés qu'ils vous ont *proposées*, ils se sont *empressés* de vous êtes *favorables*, et l'on *n'*a guère *vu* les bons élèves éliminés, comme il est rare également que des sujets peu *préparés* nous *aient satisfaits* par quelque chance inattendue. Nous avons même souvent *admiré* comment les résultats correspondaient à la force des aspirants, et tels qui se sont plaints d'avoir été *victimes* de notre sévérité *auraient dû* n'accuser qu'eux-mêmes de leur échec.

151. — La religion est si belle qu'elle n'aurait pas d'ennemis si elle n'était l'ennemie des hommes vicieux. On *n'*arrive à se déclarer contre la religion que quand on prétend secouer le joug des devoirs qu'*impose* son enseignement. Les hommes qui osent se révolter contre cette institution divine sont bien mal *inspirés, quels qu'ils soient;* car à lutter contre Dieu, on *n'*aboutit qu'à la damnation, et dès ce monde on perd tout repos et toute estime. « Le vase d'argile s'élèvera-t-il contre celui qui l'a *formé?* » Insensés qui ne voient pas les grâces dont Dieu les a *comblés* et qui se placent d'eux-mêmes au rang des réprouvés! Incrédules, si vous *voyiez* face à face la Majesté qu'*outragent* votre ingratitude et votre rébellion, vous *crieriez* comme les grands coupables : « Montagnes, tombez sur nous. »

152. — Les personnes que nous avons *rencontrées* nous ont *salués* et nous ont *parlé*. Les choses qu'elles nous ont *racontées* nous ont *plu* et nous nous sommes *proposé* de les revoir *quelque* grandes que soient les précautions dont elles se sont *entourées* pour qu'on *n'ait* plus l'occasion de leur parler.

J'ai reçu les marchandises que vous m'avez *adressées*, elles m'ont *plu* et si vous m'en *envoyiez* encore, il faudrait qu'on les *enfermât* dans des caisses afin qu'elles me soient *rendues* dans un état convenable.

Qu'elles qu'aient été les fautes dont une personne s'est *rendue* coupable, Dieu lui pardonnera si elle s'en est *repentie* avec un cœur contrit. La grande quantité des personnes qui *pèchent manifeste* d'autant l'étendue des miséricordes divines.

153. — On nous a souvent *blâmés* de vous avoir *proposé* des compositions trop difficiles. Nous ne pensons pas avoir *mérité* pareil reproche, *quelles que* soient les choses qu'on en *ait dites*. Nos questions n'ont porté que sur des notions qu'on vous a *enseignées* et que vous avez *revues* cent fois. Est-ce qu'un grand nombre d'élèves n'ont pas *triomphé* des difficultés qu'on vous a *présentées?* Si tous n'y ont pas *réussi*, n'est-ce pas parce qu'ils avaient moins bien *travaillé*. Il faut que nos examens soient très sérieux ; agir autrement serait amoindrir l'honneur qu'*assurent* nos certificats à ceux qui les ont *mérités*. N'est-il pas juste que les enfants qui se sont *montrés* studieux et attentifs durant leurs classes en *recueillent* les fruits, et *puissent* s'élever au-dessus des autres par les difficultés que *présente* l'examen.

154. — Ma cousine, — Les livres que tu m'as si obligeamment *offerts* ne me sont pas *parvenus* aussitôt que nous l'aurions *voulu*.

Pense dès aujourd'hui à me les envoyer, afin que nous *étudiions* nos examens. Les difficultés qu'on nous a *signalées* méritent sérieuse attention et j'en suis fort *préoccupée*, bien que j'*aie* quelque facilité et que je *voie* bien de quoi il s'agit. On *n'*a rien sans peine et *quelque* nombreuses que soient les difficultés que je me suis *proposé* de vaincre, je ne me décourage pas. *Penses*-tu que je n'*aie* pas déjà triomphé de mon insouciance habituelle? La grande quantité de règles qu'on m'a *données* à étudier ne m'effraie plus ; et *quelles que* soient les sévérités de l'examen prochain, j'en sortirai comme de ceux que j'ai déjà *subis*.

155. — Voyez que de fleurs sont *écloses* au soleil, que de plantes ont *poussé* sur la surface de la terre et songez à la püissance infinie qui les a *répandues* en tous lieux, *dès* que se *montrent* les chaleurs du printemps, *dès* que les beaux jours ont *reparu*. Ce sont là autant de promesses; car les fleurs seront *suivies* d'abondantes récoltes de fruits, si Dieu bénit les travaux de l'homme. Jusqu'à présent, votre enfance n'a *donné* que des fleurs, il dépend de vous qu'elle porte ses fruits par le travail et les bénédictions célestes. Tout dépend de Celui qui a tout créé et qui nous a *faits* pour que nous *soyons bénis* de lui en ce monde et heureux en l'autre, si nous lui sommes fidèles, *quelle que* soit notre condition ici-bas.

156. — Voici que *s'approchent* le moment des examens et l'heure des récompenses. Il faut que nous *voyions* ce que vous êtes capables de faire et qu'on *voie* aussi quels sont ceux d'entre vous qui ont *grandi* sans travailler et se sont *reposés* quand ils devaient s'occuper. Ceux-ci n'auront que ce qu'ils auront *mérité*, car on *n*'a de récompense que quand on est méritant.

157. — Quand nous voyons *s'élever* des plantes de belle venue, nous disons : « si cette plante est bien *cultivée*, elle produira de beaux fruits. » De même nous aimons à penser que les enfants bien *doués* compteront au nombre des hommes exceptionnels. Toutefois, ils doivent pour cela répondre aux desseins de Dieu sur eux et marcher en sa présence. Beaucoup y ont *manqué* et s'en sont *repentis* trop tard. *Pense*, mon enfant, que Dieu exigera un compte rigoureux des dons que nous aurons *reçus* de sa main ; et *quels que* soient nos talents nous devons plus songer à en faire bon usage qu'à nous en montrer *fiers*. Ceux qui se complaisent en eux-mêmes, sans rapporter à Dieu ce qui lui est *dû*, *méritent* qu'on *n'*ait aucune estime pour eux.

158. — Les personnes trop *préoccupées* d'elles-mêmes se sont *crues* plus malheureuses que les autres lorsque l'infortune les a atteintes. Mais nul n'est exempt de maux ici-bas et chacun sent ses peines, *quelles qu'elles soient*. On peut bien changer de condition, mais on *n'*en trouvera aucune qui n'*ait* ses désagréments. *Quelque* grandes que nous semblent nos tribulations, elles seraient *adoucies* par la patience, si nous n'*oubliions* pas celles que Notre-Seigneur a *endurées* pour nous. Les élus et les prédestinés ne sont-ils pas ceux qui ont beaucoup souffert sur la terre. Dieu les a *rendus semblables* par les souffrances, à son divin Fils, afin qu'ils soient *glorifiés* avec lui dans l'éternité. On *n'*arrive au ciel que par deux *voies* : l'innocence ou la patience.

159. — Les élèves qui ont bien *travaillé* nous donneront des compositions dont nous serons *satisfaits*. En décembre nous en avons *remarqué* qui laissaient à désirer. Il ne faut pas que vous *oubliiez* les règles que vous ont *enseignées* vos maîtres. Retenez même les plus difficiles, afin que quand vous aurez quitté l'école et que vous serez seuls, vous ne *soyez* point *arrêtés*, *quelque* difficiles que soient les choses que vous devez écrire : on *n'*apprend que pour être toujours prêt à faire bon emploi de ce qu'on a appris.

160. — De l'intelligence et une bonne conduite *mènent* loin. Combien d'enfants n'a-t-on pas *vus* s'élever aux plus hauts rangs de la société par une vie sage et active, alors que d'autres sont *descendus* jusqu'en bas de l'échelle sociale. N'*oublie* pas, mon enfant, que sans la conduite, on *n'*arrive guère aux premiers rangs, eût-on beaucoup d'intelligence.

Quelques hommes sans doute ont *paru* s'élever en dehors des règles de la sagesse, mais un jour on les a *vus tomber* honteusement. D'ailleurs la vertu, si utile pour réussir en ce monde, nous prépare le bonheur en l'autre et ne fût-ce que pour cette seule raison, nous devons la pratiquer, *quelle que* soit notre condition ici-bas. Qu'*importent* l'honneur et la richesse si l'on perd son âme ! On *n*'a que du mépris pour ce que *recherchent* tant les hommes quand on songe à cela.

161. — Des enfants mal élevés se sont *figuré* qu'ils s'étaient *grandis* pour avoir *usé* trop tôt du tabac et des liqueurs. Parce qu'ils ont *jeté* au vent un peu de fumée et qu'ils ont *bu* un liquide qui les brûle, ils se croient déjà des hommes. Cependant ils n'ont pas *grandi* du tout et ils ont certainement *vieilli*, car les boissons alcooliques sont meurtrières; elles usent le corps, *ruinent* la santé et *préparent* de redoutables infirmités. S'ils songeaient que pour avoir de *tout* petits chiens on leur fait boire de l'alcool, ils seraient moins *empressés* d'en avaler. Tous les buveurs qui ont *usé* de liqueurs fortes dans leur jeunesse se sont *préparé* une soif inextinguible et l'ivrognerie est *devenue* pour eux une nécessité avec ses suites : la folie et la mort *anticipée*.

162. — Les jeunes chrétiennes qu'une éducation sérieuse a *préservées* des périls auxquels les *expose* leur inexpérience ont été *bénies* du ciel, qui les a ainsi *prévenues* de ses grâces. Puissent-elles s'en montrer toujours dignes ! Nulle ne doit compter trop sur elle-même, se flattant de traverser la vie sans défaillance. Mais l'aide de Dieu nous est *assurée* et nous devons y avoir recours d'autant plus que nous sommes fragiles. On *n*'a le droit de braver le danger qu'autant qu'on a pris toutes les précautions que *recommande* la sagesse et qu'on s'est *muni* des secours indispensables. *Quelles que* soient les précautions dont une personne s'est *entourée*, elle tombera si la grâce divine ne l'a *secondée ;* il faut donc demander cette grâce.

163. — Vous serez *récompensés* selon les succès que vous aurez *obtenus*. La distinction n'est *due* qu'au mérite et l'on *n*'a d'indulgence que pour les aspirants qui se sont *efforcés* de soigner leur travail. *Quant* à ceux qui n'auront pas *obtenu* le nombre de points *voulu*, nous ne pouvons que leur refuser le certificat qu'ils ont *désiré*. Dès ce jour vous apprendrez que ceux-là seuls qui réussissent dans les difficultés de la vie sont ceux qui s'en sont *donné* la peine. *Quant* à ceux qui ont *grandi* dans l'insouciance et se sont *ri* ou se sont *moqués* des recommandations qu'on leur a *adressées*, ils en seront *punis*. Il vaudrait mieux qu'on *s'appliquât* dès sa jeunesse à lutter contre les difficultés de la vie.

164. — Les élèves qui durant leurs classes se sont *laissé* dominer par la nonchalance vont se trouver bien *embarrassés* pour répondre aux questions que nous avons *résolu* de leur proposer. Quand on les a *pressés* de s'appliquer ils ont *cru* ces recommandations inutiles, mais plus tard ils ont reconnu qu'ils s'étaient *trompés* et ils se sont *proposé* de faire en peu de temps ce que leurs camarades avaient fait par un travail et une application *soutenus*. Vain espoir ! ils ont été *déçus* dans leurs espérances : on *n*'arrive au succès qu'autant qu'on en a pris la peine, *quels que soient* les efforts que l'on tente plus tard. N'*oublie* pas, mon enfant, que la vie est plus sérieuse que tu ne penses et *prépare*-toi à la lutte afin que tu *aies* la récompense espérée.

165. — Pour peu qu'on nous fasse tort nous sommes prompts à crier à l'injustice, mais nous nous mettons bien à l'aise quand il s'agit des intérêts d'autrui. Cependant il importe très fort que nous n'*oubliions* pas ces paroles de Notre-Seigneur : « On se servira avec vous de la mesure dont vous vous serez *servis* à l'égard des autres. » Beaucoup se sont *repentis* à l'heure de la mort de les avoir *oubliées*. La justice telle que *l'exercent* bien des hommes est *dépourvue* de charité. Quand ils ont dit :

« Je veux cela, c'est mon droit » ils se croient irréprochables. Le méchant serviteur qui réclamait violemment son droit à un autre avait trop vite *oublié* les bontés dont son maître avait *usé* à son égard. On *n*'aura guère droit à la miséricorde divine si l'on a été impitoyable.

166. — La tempérance est au nombre des vertus que le catéchisme nous a *enseignées* pour que nous *n'oubliions* pas de nous montrer *dignes* de notre origine. Nous sommes les enfants de Dieu, l'œuvre de ses mains, nous avons été *rachetés* au prix du sang de Jésus-Christ. Se peut-il que des chrétiens se ravalent au rang des bêtes par l'intempérance, qu'ils consentent à perdre la raison et s'exposent à commettre des crimes ! Les buveurs ont tous *commencé* par boire sans excès, mais peu à peu la soif s'est *allumée* en eux et ils boivent pour se rafraîchir, disent-ils ; ils éprouvent un besoin invincible, *quelque* grands efforts que l'on tente pour les guérir. Soyez sobres, *quelle que* soit votre envie de boire, afin qu'on *n'ait* pas à déplorer votre perte. Les ivrognes ne seront pas admis dans le royaume des cieux.

167. — Heureux les enfants qui ont *eu* de bons parents, et qui leur ont toujours *obéi !* On ne les a pas *rencontrés* dans la société des enfants mal *élevés* que des parents insouciants ont *négligé* d'instruire sur les dangers que *présente* la vie. Ils n'ont point *paru* dans ces réunions tapageuses *où* ceux qui crient fort sont seuls dignes d'être *écoutés* et *où* la raison ne réussit pas à avoir le dessus. On ne les a pas *vus* courir à ces réunions licencieuses *où* l'on se croit tout permis et *où* des propos indécents souillent les oreilles et gâtent le cœur. Ils ne se sont pas *laissé* entraîner dans les lieux de perdition, *quelque* beaux propos qu'on *ait tenus* pour les séduire et on *n*'a pu que les féliciter en toute occasion de la prudence dont ils ont *usé*.

168. — Le temps passé à l'école est un temps précieux.

Heureux les enfants qui ont *su* l'employer et qui se sont *appliqués* avec courage durant leurs classes. Les connaissances qu'ils ont *reçues* leur seront très *utiles* et les bonnes habitudes qu'ils ont *contractées* les suivront dans le cours de leur vie. Il importe bien plus que nous *soyons* sages que savants. Un honnête paysan vaut mieux qu'un homme instruit qui emploie son talent à mal faire, *quels que soient* sa fortune et son crédit. Le seul titre de chrétien nous place au-dessus des puissants de ce monde, car nous sommes les héritiers du ciel, distinction que nul n'aura jamais *méritée* autant que le plus humble chrétien. Les pauvres qui ont *rougi* de leur condition ont *oublié* que Notre-Seigneur pouvant vivre dans l'opulence, c'est la pauvreté qu'il a *choisie*.

169. — Les meilleures leçons que j'*aie reçues* m'ont été *données* par ceux qui m'ont appris mes devoirs de chrétien. Elles m'ont toujours *plu* parce que rien n'est agréable à mon âme comme d'entendre parler de ses sublimes destinées. Les connaissances que nous avons *entendu* vanter par les incrédules nous ont toujours *paru suspectes* et nous les avons souvent *trouvées* dangereuses, quand nous les avons *examinées* de près. Certains livres, que l'on a *dit* très savants, nous ont *semblé* renfermer un poison caché et nous ne les avons pas *lus* en entier. *Garde-toi,* mon enfant, des livres *où* les choses les plus respectables sont *attaquées* et *prends* soin de consulter un homme sage avant de lire un livre, *quelques* belles choses que les gens frivoles en *aient racontées*.

170. — Ceux qui auront *observé* les commandements de Dieu et qui auront *fui* le mal seront heureux en ce monde et en l'autre. Les enfants sont trop jeunes pour se rendre compte de ces grandes vérités, mais un jour ils en connaîtront le prix. En attendant, qu'ils écoutent ceux que Dieu a *chargés* de les instruire et qui ne songent qu'à leur bonheur. Ils se sont souvent *demandé* pourquoi tant de choses leur étaient *enseignées*, pourquoi des recommandations si *multipliées*. Ils se sont *sentis gênés* quand ils auraient voulu suivre leur fantaisie, leurs caprices *même*. Une grande liberté leur *eût semblé* bien préférable et s'ils n'ont pas *résisté* aux volontés de leurs parents, c'est qu'ils n'ont pas osé en arriver là. Plus tard, ils s'estimeront heureux que l'on *ait* usé de sévérité à leur égard.

171. — L'enfant étourdit *lit* tout livre qui s'offre à ses regards. C'est un tort, car plusieurs se sont *perdus* pour avoir *lu* de mauvais livres. De même la vaine curiosité en a *conduit* d'autres *où* ils n'auraient jamais *dû* aller. Ce désir immodéré de tout voir et de tout savoir est plein de périls. C'est ainsi que nos premiers parents ont *perdu* l'innocence. On entend des imprudents dire : « Oh ! je puis lire toute espèce de livres sans danger, je sais ce qu'il en faut prendre ou laisser. » Tais-toi, présomptueux, es-tu capable de discerner le bien du mal dans ces livres si habilement *conçus? espères*-tu être assez fort pour résister aux tentations qu'ils susciteront plus tard dans ton cœur troublé et déjà coupable? Dis-moi ce que tu *lis* et je te dirai qui tu es.

172. — Vous mourrez comme vous aurez *vécu*. Ne dis pas, jeune homme : « Il faut que jeunesse se passe, plus tard je serai sérieux. » Vaine illusion ! l'arbre tombera du côté *où* il penche et l'on a bien plus de peine à remonter le courant qu'à le suivre. Ceux qui se sont *laissé* entraîner au mal à l'âge *où* ils pouvaient y résister, seront *vaincus* par les habitudes qu'ils auront *contractées*. En vain se sont-ils *proposé* de revenir à une vie plus régulière, on les a *vus découragés dès* leurs premiers efforts et ils ont *dû* s'avouer *vaincus*. *Quelque* difficiles que vous semblent les moyens qu'on vous a *indiqués* pour rester sages, soyez *convaincus* qu'il en coûte moins de les employer que d'y renoncer, l'expérience l'a *démontré* : on *n'*a jamais la vie plus dure que quand on cède à toutes ses passions.

173. — Beaucoup d'enfants se sont *vu* renvoyer l'année

dernière, parce qu'ils n'avaient pu résoudre les questions qu'on leur avait *proposées* et ainsi nous nous sommes *vus forcés* de les ajourner. Nous vous souhaitons plus de succès et nous sommes *tout disposés* à recevoir ceux qui nous auront *donné* de bonnes compositions et même ceux qui nous auront suffisamment *satisfaits*. Il y a des degrés dans les récompenses comme dans les mérites. Quand on *n'*obtient que le second rang on apprend à être modeste. Il suffit que nous *voyions* de la bonne volonté et que chacun *ait* fait tous ses efforts pour que nous trouvions le moins de fautes *possible* dans son travail. Il faudrait toujours qu'on *s'efforçât* de résoudre les difficultés *quelque* difficiles qu'elles paraissent.

174. — Les enfants qui ont *menti* une fois ne *tardent* pas à contracter l'habitude du mensonge. Ils peuvent avoir trompé leurs parents mais ils n'ont pas *réussi* à tromper Dieu qui les a *entendus* proférer leurs mensonges et qui leur en demandera compte. Les menteurs portent tôt ou tard la peine de leurs torts; les gens qu'ils ont *trompés*, même pour rire, les *détestent;* le public les méprise et Dieu qu'ils ont *offensé* les punira des médisances et des calomnies qu'ils auront *lancées* contre le prochain. Ils se sont *plu* à dénigrer leurs connaissances, leurs amis *même*, ils leur ont *nui* par de faux rapports et telle parole dite à la légère a pu avoir des suites funestes. On *n'*aime guère la société des menteurs et c'est justice : ils récoltent ce qu'ils ont semé.

175. — Les satisfactions de la vanité *coûtent cher* et *passent* vite ; celles de la vertu sont *tout* autres et *laissent* dans nos souvenirs des traces durables. Dans les plaisirs on s'étourdit et on *n'*a d'autre profit qu'un contentement passager auquel *succèdent* d'amers regrets. Les vieillards qui ont abusé de leur jeunesse *expient* dans la souffrance les torts qu'ils ont *eus* : leurs forces ont *diminué*, leurs illusions ont *fui* et mille infirmités se sont *abattues* sur leur corps usé avant le temps : ils ne sont *occupés* qu'à soigner leurs maladies. On *n*'a une heureuse vieillesse qu'autant qu'on a eu une jeunesse sage et vertueuse. *Profite* de l'expérience des autres et fais bon usage des dons que tu as *reçus* du ciel et dont tu rendras compte un jour.

176. — Nos parents nous ont *entourés* de mille soins durant notre enfance, nous devons les aimer, les respecter et leur obéir. Les enfants qui ont *grandi* ne doivent pas l'oublier. Ceux qui se montrent *ingrats* se préparent de justes châtiments, ceux qui n'oublient pas le 4e commandement de Dieu seront *bénis*. Malheur à ceux qui traitent d'égal à égal avec leurs parents et les accusent d'injustice malgré tout ce qu'ils ont *reçu*. Sans doute il peut arriver que des parents soient peu dignes du respect de leurs enfants, mais ceux-ci doivent imiter la conduite de Sem et Japhet et cacher les défauts de leurs parents, *quels que* soient les torts de ceux-ci : Dieu leur en tiendra compte

177. — Les enfants bien *élevés* se montrent en toute occasion *dignes* des soins et des léçons qu'on leur a *donnés*. Ils fuient la société de ceux qui n'ont pas *reçu* la même éducation. Ils savent qu'ils y perdraient les qualités dont on les a *ornés* à *grand'*-peine et craignent fort de prendre des habitudes contraires à celles qu'on leur a *fait* contracter ; parce qu'on leur a dit qu'on arrive plus vite au mal qu'au bien, si l'on *n*'a soin de se tenir en garde contre les périls dont est *semée* notre existence. Ils savent que celui qui aime le danger y périra et ils ne se sont pas *laissé* entraîner au mal par les faux amis qui ont *tenté* de les tromper, *quelques* belles choses qu'on leur *ait racontées* pour les séduire.

178. — Les jeunes filles auxquelles on a *donné* de bons exemples seront toujours plus sages et plus heureuses que les autres. Elles doivent s'en montrer reconnaissantes : car, en leur donnant l'exemple de la vertu, on leur a été plus utile que si on leur *eût légué* de grandes richesses, puisque la vertu est le plus grand de tous les biens. Celles qu'on a *laissées* grandir dans l'insouciance et qui n'ont *vu* que du désordre seront malheureuses, car elles n'auront pas acquis les bonnes habitudes qui facilitent la pratique des devoirs de la vie. Nous avons peine à nous décider aux choses difficiles, si nous n'y avons pas été *exercées* de bonne heure, *quelle que* soit votre bonne volonté ; la vie chrétienne exige un apprentissage comme *toute* autre et on *n*'arrive que peu à peu à s'acquitter de tous ses devoirs.

179. — Vous vous êtes *demandé quels seraient* les questions et les exercices auxquels vous allez être *soumis* dans ces examens. Sachez que nous devons nous montrer plus *sévères* qu'aux examens précédents. Les matières que vous *avez eu* à étudier sont les mêmes, mais nous exigeons qu'elles soient *mieux sues*. *Quels que soient* notre indulgence et notre bon vouloir, nous serons *forcés* d'éliminer ceux d'entre vous qui n'auraient pas satisfait aux questions que nous allons vous poser. On *n'*obtient que selon ses mérites et nous serons fidèles à cette règle. Ceux qui se sont *laissé* dominer par la paresse en seront *punis*. Pour eux les jours se sont *succédé* sans qu'ils aient *changé !* ils n'auront que ce qui leur est *dû*.

180. — Les jeunes filles que nous avons *entendues* se moquer de leurs compagnes nous ont *paru blâmables*, car il y a là l'indice d'un mauvais cœur, *où* se rencontrent l'orgueil et le mépris. Sans doute il y a souvent plus de légèreté que de vraie méchanceté dans ces plaisanteries offensantes, dont se *montrent prodigues* les personnes qui rient aux dépens des autres. Mais on *n'*aurait guère envie de continuer si l'on songeait à la peine qu'on leur cause. Une mère disait à sa fille : « Ne *ris* pas des autres si tu ne veux pas qu'on *rie* de toi ou qu'on te méprise. » Rien n'est odieux comme cette prétention de ridiculiser les personnes qui nous ont *déplu*. *Quelque* risibles que nous semblent certaines gens, nous devons toujours respecter en elles les créatures de Dieu *rachetées* par le sang de Jésus-Christ.

181. — Beaucoup d'enfants se sont *perdus* parce qu'ils ont *fréquenté* de mauvaises compagnies, malgré les recommandations que leurs parents leur avaient *adressées*. Les mauvais conseils et les mauvais exemples causent un mal souvent irréparable. Voilà pourquoi les personnes qui vous ont *élevés* se sont toujours *montrées* sévères sur le choix de vos amis et vous ont *détournés* des mauvais. Vous devez vous montrer dociles et attentifs en tout ce que *désirent* vos parents, car ils n'ont en vue que votre bien ; et c'est pour ne les avoir pas *écoutés* que vous êtes *tombés* bien des fois dans des fautes que leurs conseils vous auraient *évitées*. En vous soumettant aux avis que vous *donne* celui que la nature a *placé* près de vous pour vous guider, c'est à Dieu même que vous obéissez.

182. — Bien des jeunes filles se sont *perdues* parce qu'elles avaient trop aimé la parure. Rien n'est plus dangereux que cette folle vanité qui a *poussé* tant de personnes bien *élevées* à vouloir effacer les autres par un luxe insensé. Loin de chercher ce qui attire l'attention, les personnes sages évitent ce qui appelle les regards des passants et gardent la modestie qui convient bien à de jeunes chrétiennes. Soyez sûres que vous serez très *remarquées* si vous le désirez, mais que vous n'en serez pas plus *estimées*. Ceux-là mêmes qui auront *paru* vous admirer vous critiqueront en secret *dès* que vous serez *sorties* de leur présence, *quels qu'*aient été les démonstrations d'amitié et les témoignages d'admiration dont ils vous auront *entourées*.

183. — Il faut se montrer prudent en toutes choses, mais surtout dans le choix de ses amies. Que de liaisons irréfléchies ont *eu* les suites les plus funestes ! Comme les papillons qui se sont *laissé* brûler à la chandelle, les enfants se laissent prendre à ce qui brille. Plusieurs s'y sont *trompées* et se sont *nui*, car les avantages extérieurs tels que la beauté et la toilette *cachent* souvent de grands défauts. C'est la vanité qui sert de guide à l'amitié. Mon enfant, *sache* qu'il faut avoir le moins de liaisons *possible; aie* seulement un petit nombre d'amies bien *choisies* et ne te *lie* avec personne qui ne *t'ait* donné des preuves de sagesse. On *n'y* réussit qu'après un temps assez long, *quels que soient* la bonne volonté et le soin qu'on y apporte.

184. — Les leçons qu'on vous a *données* vous seront très utiles et vous devrez ne pas les oublier. Les enfants qu'on a *instruits* sur leurs devoirs et qui se sont *montrés* dociles durant les classes auxquelles ils ont *assisté* seront plus heureux que les autres. Que vous *soyez* bien au courant des connaissances nécessaires à tous les besoins de la vie, c'est bien; mais il importe surtout que vous n'*oubliiez* pas les enseignements de la religion. Que vous *soyez* savantes et sages surtout, voilà ce que *désirent* vos parents et voilà le résultat que *cherchent* tous ceux qui ont *dû* s'occuper de former vos cœurs. *Quelle que* soit votre condition, vous serez heureuses autant qu'on peut l'être ici-bas, si vous restez *fidèles* aux bonnes habitudes qu'on vous a *fait* contracter.

185. Nous désirons que vous *soyez* bien instruits et que vous sachiez tout ce qu'*exigent* votre condition et les différents besoins de la vie; mais qu'*importent* les connaissances utiles si l'on *n'a* pas la première de toutes qui est la connaissance de la religion. De toutes les choses qu'on vous a *enseignées* nulle ne saurait remplacer celle-ci. Il vaut mieux que vous *soyez* sages que savants. Un paysan qui sert Dieu vaut mieux que tous les savants qui l'outragent et qui seront *confondus* devant lui un jour parce qu'ils l'auront *méconnu*. « Allez, dira Notre-Seigneur, je ne vous connais pas; vous avez *rougi* de moi devant les hommes, je rougirai de vous devant mon Père. » *Quelle que* soit la condition dans laquelle est né un chrétien, il est grand s'il reste fidèle à sa foi.

186. — Ceux d'entre vous qui ont *travaillé* comme ils le devaient et qui se sont *montrés* dociles durant les classes vont être *récompensés*. On *n'*obtient d'ordinaire que ce qu'on a mérité. Ceux qui ont *négligé* leurs devoirs et qui se sont *amusés* au lieu de s'occuper s'en iront *confondus* et ils l'auront bien *mérité*. Il en sera de même pendant ta vie *tout* entière, mon enfant : selon que tu te montreras *appliqué* à ce que tu fais, tu obtiendras ou non l'estime de ceux qui t'auront *confié* une besogne quelconque. *Efforce*-toi de contenter d'abord tes parents et ensuite tes maîtres : et *quels que* soient les difficultés et les embarras contre lesquels tu devras lutter, il te restera la satisfaction d'avoir *accompli* ton devoir.

187. — Nous nous sommes *proposé* de vous récompenser selon que vous l'aurez *mérité* et nous espérons vous trouver bien *préparées* à ces examens. Déjà quelques compositions nous ont *plu* et nous nous sommes *empressés* d'en tenir compte. Mais *quels que soient* notre indulgence pour votre âge et notre désir de vous récompenser nous ne sortirons pas de la juste sévérité que nous *imposent* nos devoirs d'examinateurs. On *n'*accordera de certificats qu'à celles qui auront *réussi* dans leur travail et auront *obtenu* le nombre de points *nécessaire*. *Crois*-moi, mon enfant, ne *tourne* les yeux ni à droite ni à gauche, mais *applique*-toi à bien soigner les compositions qu'on t'a *données* aujourd'hui.

188. — Ma fille, je souhaite que tu n'*oublies* pas les conseils et les leçons qu'on t'a *donnés*, afin que l'on *n'ait* qu'à se louer de l'éducation que tu as *reçue*. *Montre*-toi sage et sois toujours bonne, voilà ce que *désirent* tes parents. *Quelle que* soit la condition *où* tu es *née*, si tu te comportes comme il convient tu seras toujours *estimée* et bien *vue*. Il n'est pas nécessaire que nous *soyons* riches ici-bas, mais il faut que nous *soyons* vertueux ; cela suffit pour nous rendre *agréables* à Dieu et nous assurer le bonheur éternel qui vaut mieux que tous les biens de ce monde. Les biens que nous aurons *amassés* ne nous suivront pas dans l'éternité, nos mérites et nos vertus *seuls* nous accompagneront.

189. — La meilleure profession n'est pas celle *où* l'on gagne le plus d'argent. Quelle que soit la carrière que l'on *ait choisie,* si l'on s'y conduit bien, on peut y être heureux et content. Mais on *n'*arrive à quelque chose qu'autant qu'on s'en donne la peine. Tous ceux qui se sont *élevés* dans leur condition se sont *appliqués* sans cesse à améliorer leur sort par le travail et la conduite. Si tu *oublies* ces conseils et que tu *négliges* tes affaires, *mets*-toi bien dans l'esprit qu'au lieu de t'élever tu descendras. *Penses*-tu arriver sans effort *où* sont *arrivés* ceux que tu as *connus* dans l'aisance et le bien-être ? Rien n'arrive seul, si ce n'est la misère chez ceux qui lui ont *laissé* la porte ouverte par paresse.

190. — Les enfants ne sauraient comprendre quels soucis et quelles peines se sont *donnés* leurs parents pour les élever et de quelles précautions ils les ont *entourés.* C'est pourquoi rien n'est odieux comme l'enfant ingrat, on *n'*a pour lui aucune estime. Combien n'a-t-on pas *vu* d'enfants quitter leurs parents *dès* qu'ils se sont *sentis* assez forts pour gagner leur vie. Ils les ont *laissés* tomber dans l'indigence sur leurs vieux jours et ceux-ci ont pu se demander s'ils avaient *élevé* des enfants ou des monstres. Enfant, n'*oublie* pas le 4e commandement et ne *perds* pas si vite la mémoire des bienfaits que tu as *reçus !* *Pense* que Dieu ne te bénira pas si tu abandonnes ceux qui t'ont *soigné* jour et nuit, quoi qu'il leur en *coûtât.*

191. — Le mérite d'une personne n'est pas tout dans sa toilette. Sans doute nous sommes *obligés* d'avoir la tenue qu'*exigent* notre état et notre condition, mais sans rien exagérer. Il ne faut pas qu'on se *croie* meilleur qu'un autre parce qu'on est mieux *vêtu.* On *n'*a d'autre mérite que celui que l'on a acquis par la vertu, *quels que soient* la couleur et l'éclat des vêtements. Que de personnes ont *brillé* sous une mise décente et modeste et combien qui ont *déplu* par l'excès du luxe! *Crois*-moi, ma fille, ne cherche pas à attirer l'attention par de tels moyens, *prends* soin au contraire de garder la modestie en tout, dans tes paroles, dans tes ajustements *même*, *quelque* grandes que te *semblent* les ressources dont *dispose* ta famille.

192. — Si les jeunes filles savaient plus tôt ce que leurs parents ont appris par une longue expérience, elles seraient plus *réfléchies* et moins *étourdies*. Si du moins elles savaient écouter les conseils qui leur sont *donnés*, elles s'épargneraient bien des regrets. Mais la présomption les porte à ne pas tenir compte des conseils qu'elles ont *reçus* et l'on est *effrayé* à la vue des dangers auxquels les *expose* leur légèreté. Beaucoup ont *grandi* sans s'être *préparées* aux nombreux devoirs de la vie, sans même y avoir *songé*. Cependant, mon enfant, *pense* quelle responsabilité pèse sur nous *quelle que* soit notre condition! *Mets*-toi bien dans l'esprit qu'on *n'*arrive à s'acquitter de ses devoirs qu'autant qu'on s'y est préparé, *songe* bien à ton avenir.

193. — Les fleurs que le Créateur a *répandues* sur les plantes nous invitent à lui adresser nos hommages. Leurs belles couleurs ont *réjoui* nos yeux et leurs parfums nous ont *plu*. Il ne faut pas que nous *oubliions* jamais la bonté et la puissance *infinies* de Dieu. O mon enfant, *quelle que soit* la condition qu'il t'*ait réservée*, adore-le afin que tu *aies* part à ses bénédictions.

194. — On vous conseille dès aujourd'hui l'habitude du travail. L'attention qu'*exigent* les devoirs difficiles qui vous sont *imposés* tous les jours, ne sera *obtenue* que par une grande sévérité. Ne vous étonnez donc pas si les maîtres qui s'occupent de vous se montrent *sévères*. Vos parents *mêmes* les blâmeraient d'user de faiblesse à votre égard et ils seraient *responsables* devant Dieu des années que vous auriez *perdues*.

195. — Nos parents sont nos premiers bienfaiteurs. Dieu nous les a *donnés* afin qu'ils soient pour nous comme sa providence visible. Il les a *chargés* des soins si multipliés que *réclame* notre enfance et, pour cela, il leur a mis dans le cœur une tendresse et un dévouement *illimités*. L'enfant qui pense que toutes choses lui sont *dues* ne tient pas compte de la gêne qu'*éprouvent* ses *père* et *mère*, ni des sacrifices qu'ils se sont *imposés* pour l'élever. Plus tard il en comprendra l'étendue et n'oubliera pas les bienfaits qu'on lui aura *prodigués*, à moins qu'il n'*ait* le cœur mauvais. Malheur aux fils ingrats qui oublient ce qu'on a fait pour eux ! Si vous *oubliiez* un jour le 4me commandement, Dieu vous châtierait : on *n'*a jamais vu prospérer les enfants qui ont *méconnu* leurs devoirs.

196. — Ne te *lie* pas d'amitié avec celui que *méprisent* les honnêtes gens, de peur que tu n'*aies* bientôt à le regretter. On *n'*arrive à mal agir que d'après les conseils de ceux avec lesquels on s'est familiarisé à tort et que l'on a *recherchés* sans réflexion. Dis-moi qui tu fréquentes, et je te dirai qui tu es, *quelles que soient* les apparences.

197. — Les soins qu'*exige* ton instruction *imposent* sans cesse à tous les maîtres qui s'occupent de toi une attention et un souci *continuels*. Mais, pour rendre *efficaces* de tels soins, il faut que se *montrent* de ta part la docilité et l'application. *Prends* garde de rendre *inutiles* pour ton avancement tant de leçons chaque jour *répétées* devant toi et n'*oublie* pas les conseils que je t'ai *donnés*, si tu veux atteindre au but *où* tu souhaites d'arriver.

198. — Les préoccupations qu'*inspire* la vie présente *absorbent* chez presque tous les hommes, qui se remuent autour de nous, les dons et les qualités *naturels* de l'esprit et du cœur. Cependant, afin de rendre *profitables* pour la vie future tant de soucis d'ailleurs très légitimes, il faut que s'y *retrouvent* toujours l'amour de Dieu et la soumission à sa volonté. *Garde-toi* de rendre *inutiles* pour ton éternité tant d'efforts et de fatigues si souvent *renouvelés* en un jour et *prends* pour *modèles* les exemples que les saints nous ont *laissés*, *quelles que soient* les difficultés que tu *aies* à vaincre.

199. — La fatigue que me *causent* les examens se *trouve* largement *compensée* par les agréables surprises que me *réserve* souvent la lecture de vos copies. Peu importe que vous *estropiiez* un mot en passant, pourvu que j'*aie* dans vos compositions la preuve que vous avez *gagné* depuis l'année dernière. On *n'*attend rien de plus aujourd'hui : efforcez-vous donc par un travail et une application *soutenus* de faire mieux que ceux qui vous ont *précédés* et, si vous désirez quelque chose, parlez à *demi*-voix, afin de causer à vos voisins le moins de distractions *possible*.

200. — Les rigueurs de l'hiver *commencent* à se faire sentir ; la neige est déjà *tombée* et l'eau a *gelé*, ramenant les boulets et les glissoires *traditionnels* dans les écoles. L'ardeur qu'*apportent* les enfants à ces différents jeux les *expose* à attraper des refroidissements. Pour en être *préservés*, ne restez pas immobiles après avoir *couru* et sitôt sortis de classe enveloppez-vous de vos *cache-nez*, de peur que vous ne *payiez* par un rhume les plaisirs que vous avez *goûtés* dans ces amusements.

201. — Avant d'affronter les difficultés que vous *réserve* l'examen, il faut que vous *essayiez* vos forces, afin que nous *voyions* bien si les espérances que nous avions *conçues* de vous ont quelques chances d'être *réalisées*. Aussi, en vous réunissant pour ces concours, on *n'*a pas d'autre but que de constater par des exercices et des compositions *trimestriels* si votre instruction se trouve *proportionnée* aux exigences que *renferme* le programme. Apportez donc à ces concours toute l'ardeur que *montrent* les soldats dans les escarmouches qui ordinairement *précèdent* la bataille.

202. — Les feuilles qui ornaient nos arbres sont *tombées;* c'est un signe que les rigueurs de l'hiver *approchent.* Je vous le rappelle pour que vous vous *méfiiez* des premiers froids, car les rhumes, si fréquents en cette saison, *résultent* presque toujours de ce que l'on *n'*a pas pris assez de précautions. Pour en être *préservés* ne restez pas immobiles après avoir *couru;* sitôt sortis de classe enveloppez-vous de vos *cache-nez* (ou de vos fichus) et, la nuit, n'enlevez pas les *couvre-pieds* de vos lits, de peur que vous ne *soyez* subitement *saisis* par le froid, si la température avait *varié* du soir au matin.

203. — La température a bien *changé* depuis un mois. On *n'*est plus comme alors *menacé* par l'hiver et voici que les arbres ont déjà un peu *verdi.* Il est vrai que nous avons *joui* d'une période de beaux jours *exceptionnelle* à cette époque *où* les *perce-neige* sont à peine éclos. Aussi *quelque printanières* que vous *semblent* les premières journées de la *demi*-saison, gardez les vêtements que vous avez *portés* en hiver, car les rhumes et les indispositions *actuels* sont généralement *dus* à l'imprudence des malades qui se sont trop *hâtés* de quitter les habits chauds. Il suffira sans doute que je vous *aie signalé* la chose pour que vous n'*essayiez* pas d'en faire autant.

204. — Avec les premières chaleurs *commence* la saison des fruits et pourvu que nous *ayons* encore *quelques* beaux jours, les branches de nos arbres en seront bientôt *chargées.* La vue de ces beaux fruits *éveille* facilement les jeunes appétits et il n'est pas rare que l'on *voie* des enfants qui se sont *donné* des indigestions et se sont *rendus* vraiment *malades* pour en avoir trop *mangé.* Aussi *quelle que soit* la saveur des cerises, des fraises, des groseilles *même,* prenez-en avec modération et n'oubliez pas que vos estomacs et vos dents doivent être *ménagés,* les uns pour mieux digérer, les autres pour rester *solides* comme des *casse-noisettes.*

205. — Mes chers enfants, — Dieu vous bénisse!... Dans ce vœu *se trouvent réunis* tous les souhaits que vous *envoie* celui dont les soucis et les occupations *habituels* n'ont d'autre objet que vous-mêmes. *Quelles que soient* les belles paroles que nous *employions*, nous ne pouvons mieux dire, car dans la bénédiction de Dieu se *résument* tous les biens que nous avons *obtenus* ou que nous avons *désiré* obtenir. Les forces du corps ne se *conservent* que grâce à Dieu qui les a *créées;* le succès de nos entreprises *résulte* des événements que *dirige* sa Providence, et les énergies de l'âme *nécessaires* pour faire face aux tribulations de cette vie ne se *puisent* que dans le secours de Dieu. Aussi tous les *porte-bonheur* inventés par l'imagination humaine *s'éclipsent* devant celui-là et l'on *n*'est vraiment heureux que si l'on a Dieu avec soi. Encore une fois donc : Dieu vous bénisse!

L'INSPECTEUR DIOCÉSAIN.

206. — Bonne et chère maman, — Les souhaits que vous *apporte* cette lettre *renferment* en peu de mots beaucoup de choses, car on *n*'est pas toujours capable de bien dire tout ce qu'on ressent et c'est précisément ce qui arrive aujourd'hui à votre pauvre enfant. Il faudra donc que vous *remédiiez* à son insuffisance, en lisant entre les lignes. Mais, *quels que soient* la brièveté de ses phrases et le vide de ses expressions, j'ose espérer que vous saurez y découvrir l'ardeur des vœux que *forme* son petit cœur pour celle qu'il a toujours *aimée* le plus après Dieu. *Quant* à son bouquet, les fleurs qu'il a *choisies* pour le former n'ont pas *poussé* chez le jardinier ; il les a *cultivées* lui-même, afin que vous en *appréciiez* mieux les parfums et les couleurs aussi *variés* que possible. Ce sont tout simplement les succès et les notes *obtenus* en classe et *consignés* dans le bulletin ci-joint. Acceptez ce bouquet et croyez bien que sa fraîcheur sera sans cesse *renouvelée* par un travail persévérant; car votre petit enfant ne souhaite pas seulement que vous *soyez* heureuse cette année, il veut aussi contribuer lui-même à votre bonheur, de manière que l'on *voie* qu'il vous aime plus qu'il ne peut le dire. Le bon Dieu, qui prête l'oreille à nos soupirs *même* les plus secrets, entendra la prière et bénira les efforts de

Votre BENJAMIN.

207. — Mon cher enfant, — Ta charmante petite lettre m'a *causé*, je t'assure, une surprise très agréable, et la joie dont elle m'a *remplie* est peut-être la plus douce que *j'aie goûtée* à l'occasion du nouvel an. Les belles paroles ne coûtent pas *cher*, mais les bons sentiments sont plus rares et valent mieux. Les tiens ne m'ont jamais *manqué* et je les ai *lus* sans peine entre les lignes, comme tu m'y invitais. Je sais que tu m'as *parlé* à cœur ouvert, sans aucune de ces *arrière-pensées* que nous *cache* si souvent la politesse d'usage en pareille circonstance, et j'accepte avec bonheur le joli bouquet dont ta lettre était *accompagnée*, comme le présage de beaucoup d'autres encore plus beaux ; car je sais que l'on *n'*a eu, depuis la rentrée des classes, qu'à se louer de toi et je suis sûre que tu ne voudras pas tromper les projets et les espérances que nous avons *formés* à ton sujet. Il ne se passe pas de jour que nous ne *priions* pour toi ; de ton côté, n'oublie pas dans tes prières

Ta mère qui t'a toujours tant aimé et qui t'embrasse bien fort,

RACHEL.

208. — Le nombre des *timbres-poste* qui ont *circulé* pendant les dernières semaines *dépasse* de beaucoup la quantité ordinaire. A l'occasion du nouvel an, les parents qui ne se sont pas *rendu* visite se sont *complimentés* par lettre ; les amis qui ne se sont pas *rencontrés* se sont *envoyé* leurs souhaits par quelques mots gentiment *tournés* sous enveloppe et les gens qui s'étaient *connus* par relations d'affaires, ont *échangé* leurs cartes. Les timbres qui ont *dû* être ainsi *affranchis*, c'est-à-dire *marqués* du cachet de la poste, ne *représentent* plus aucune valeur.

Cependant, si vous en aviez *trouvé*, ne les jetez pas, car des missionnaires nous ont *raconté* que les sauvages s'en montrent très amateurs et que, moyennant quelques timbres qui ont déjà *servi*, on *n*'est pas mal accueilli chez eux. Il parait qu'un bon nombre de païens et de *nouveau-nés* ont pu être ainsi *catéchisés*, *convertis* et *baptisés* par les missionnaires ; c'en est assez, je crois, pour que nous *appréciions* encore un peu les vieux timbres et que nous les *recueillions* avec soin.

209. — Les espérances qu'*éveille* en nous l'aurore d'une nouvelle année, ne *sauraient* effacer complètement les craintes que nous *inspire* l'incertitude de l'avenir. Bien insensés ceux qui renvoient toujours leur conversion à plus tard ! Qui donc ici-bas est assuré d'un lendemain ?... *Quels que soient* notre âge et notre santé, tenons-nous toujours *prêts* à paraître au tribunal de Dieu. Telle personne, qui se trouvait encore hier près de nous, a été *trouvée* morte dans son lit ; telle autre a *trouvé* la mort dans un accident ; telle autre enfin porte sur son visage amaigri les signes *avant-coureurs* d'une fin prochaine. Ce sont là des leçons et des avertissements tout *paternels* que nous *donne* tous les jours la divine Providence : tâchons d'en profiter, pendant qu'il en est temps encore. Dieu veut que nous *employions* à nous sanctifier cette année *tout* entière, comme si elle devait être la dernière de notre vie, de peur que nous ne *soyons* surpris car nous ne savons ni le jour ni l'heure et les années perdues ne reviennent plus. Je souhaite, mes enfants, que vous n'*oubliiez* pas les salutaires pensées qui viennent de vous être *rappelées* : dans ce souhait se *résument* tous les vœux que *forme* pour vous, à l'occasion du nouvel an, celui qui a écrit ces lignes.

210. — La nature qui nous avait *paru* morte pendant l'hiver s'est complètement *réveillée ;* les feuilles ont *poussé* et dans la campagne *gazouillent* sans cesse de nombreux moineaux. J'aime l'été, mais je préfère le printemps et l'automne *où* l'on *n*'est gêné ni par la chaleur ni par le froid. Ainsi je connais des gens qui se sont *rendus malades* et j'en ai même *vu* qui se sont *abîmé* la santé pour s'être *reposés* un peu à l'ombre après avoir *marché nu*-tête au soleil. Ils se sont *refroidis* et ont *attrapé* des rhumes, des bronchites *même*, comme en *plein* hiver. Aussi *quelque* doux que vous *semblent* les rayons du soleil, soyez prudents et ne courez pas trop, quoique vous *voyiez* voltiger rapidement autour de vous toute sorte d'oiseaux comme les hirondelles et les *gobe-mouches*, ainsi *nommés* parce qu'ils avalent des moucherons.

211. — Les *arrière*-saisons comme celle dont nous avons *joui* pendant le mois d'octobre ne se *renouvellent* pas souvent. Cette année, on *n*'y comptait guère, car les mois précédents avaient été aussi peu agréables que *possible;* mais *quelque* savants que nous *soyons*, nous ne savons rien des secrets que *renferme* l'avenir. Il n'est pas rare, en effet, que l'on *voie* des gens prédire la pluie ou le beau temps et, *dès* le lendemain, leurs prévisions se trouvent complètement *démenties*. Il n'est pas rare non plus que nous nous *plaignions* des froids et des chaleurs *ramenés* chaque année par les différentes saisons : taisons-nous donc, car l'absurdité de nos critiques *égale* la fragilité de nos prédictions. Le mieux est que nous nous *confiions* en Dieu qui sait tout et ne nous veut que du bien.

212. — Voici que nous *reviennent* avec le mois de février des jours moins courts et moins froids. Ce n'est point moi qui m'en *plaindrai;* non certes que j'*aie* l'intention de critiquer des dispositions que je sais *voulues* par Dieu pour le bien-être de ses créatures, mais, enfin, il faut reconnaître qu'on *n*'a guère de plaisir à voyager par l'obscurité et la température *glaciale* de l'hiver, tandis qu'au contraire on se plaît à la chaleur et à la lumière que nous *ramène* le printemps; de plus, les longues soirées, que nous *impose* l'hiver, nous *empêchent* de réaliser bien des choses que nous avions *formé* le projet d'entreprendre.

Néanmoins, *quels que* soient nos goûts et nos préférences *personnels,* Dieu veut que nous *employions* le temps tel qu'il nous le donne, c'est-à-dire avec les avantages et les désagréments que *renferme* chaque saison ; je dis : chaque saison, car, après tout, si le froid de l'hiver engourdit nos membres, les chaleurs excessives de l'été nous *fatiguent* et nous *accablent*. Les saints se sont *plu* à voir dans ces contrariétés des moyens providentiels de sanctification et ils se sont *appliqués* à les supporter avec patience, par esprit de mortification ; aussi ne les a-t-on jamais *entendus* se plaindre des rigueurs de l'hiver et des ardeurs de l'été. Imitons-les, car les peines que nous aura *coûté* la vie présente et les ennuis qu'elle nous aura *valus*, nous seront *comptés* pour beaucoup au tribunal de Dieu, si nous les avons *endurés* chrétiennement.

213. — La riche parure dont se *couvrent* actuellement les arbres de nos jardins *excite* notre admiration et nous *inspire* pour l'Auteur d'une si grande merveille un respect et une reconnaissance *continuels.* On rencontre cependant bien des hommes qui, ayant *passé* à côté de ces fleurs aux tons et aux couleurs si *variés*, ne se sont même pas *demandé* de quelles mains habiles étaient *sortis* tant de *chefs-d'œuvre*. Ce sont pourtant ces mêmes hommes qui, en voyant une peinture assez réussie, *cherchent* immédiatement le nom de l'artiste qui l'a *exécutée*. Ils oublient que ce peintre, *quels que soient* son expérience et son talent, n'a fait en réalité que copier le travail du grand Artiste dont le génie et la science *universels* ont *seuls conçu* et *créé* les harmonies si largement *répandues* dans la nature. L'erreur de ces hommes, à qui Dieu et sa Providence restent *inconnus*, doit-elle leur être *imputée ?* Assurément oui, car s'ils sont *tombés* dans une ignorance aussi grossière, c'est qu'ils l'ont *voulu*. N'est-il pas écrit, en effet, que le ciel et la terre *proclament* la grandeur de Dieu ? Mais ces hommes se sont, par leur orgueil, *rendus semblables* à ces idoles de l'antiquité payenne qui *avaient* des yeux et *restaient privées* de la vue. C'est qu'en effet on *n*'est jamais plus aveugle que lorsqu'on *n*'a pas envie de voir.

214. — Le jeûne et l'abstinence *établis* pendant le Carême nous *rappellent* la pénitence que Jésus-Christ s'est *imposée* pendant les *quarante* jours qu'il a *vécu* dans le désert. A votre âge, on *n*'est pas encore obligé de jeûner en mangeant peu, mais pourvu que vous vous *mortifiiez* en parlant peu, vous entrerez dans les intentions que l'Église a *eues* en instituant le Carême. Jeûnez donc de la langue, *quelque* vives que soient vos démangeaisons de babiller, et rappelez-vous que les pénitences *même* les plus petites sont les *passe-partout* qui ouvrent le ciel.

215. — La semaine de Pâques vous a probablement *paru* très courte ; les six jours qui la composent se sont *succédé* sans doute bien rapidement à vos yeux et les vacances se sont *écoulées* trop vite au gré de vos désirs. Mais, on lit sur vos joues que vous en avez largement *profité* pour vous reposer et l'on *n*'a pas l'intention de vous en blâmer ; cependant on espère que vous allez vous remettre immédiatement et avec courage à vos travaux et à vos études *antérieurs*. Dans quelques semaines, vous vous trouverez bien *proche* de l'époque des examens ; il est à souhaiter que vous *appréciiez* à sa juste valeur le temps qui vous en sépare encore et que vous *employiez* avec un soin scrupuleux les journées, les heures, les minutes *même passées* en classe. C'est d'ailleurs le seul moyen que vous *ayez* de rendre aussi *probables* que *possible* les heureux résultats auxquels vous aspirez. Les élèves qui renvoient toujours à plus tard l'étude de telle ou telle leçon *accumulent*, pour la veille des examens, une foule de connaissances qui leur *manquent ;* aussi le nombre des fautes qui leur *échappent* dans les compositions *montre* bien que, *pressés* par le temps, ils n'ont pu acquérir qu'un ensemble très insuffisant de préceptes et de notions vagues et *superficiels.* C'est pourquoi ils échouent. Gardez-vous donc de les imiter et n'oubliez pas cette parole du fabuliste : « Rien ne sert de courir : il faut partir à point. »

216. — Les bouquets et les lumières *entretenus* devant l'image de la Vierge nous *pressent* de rendre à cette bonne Mère les hommages que *mérite* sa haute dignité. Récitez donc chaque jour quelques *Ave* en son honneur et offrez-lui des petites fleurs printanières comme vous en avez sans doute déjà *rencontré* dans les champs. Mais les efforts qu'un enfant s'est *imposés* pour travailler en classe et garder le silence *passent* bien avant les fleurs qu'il s'est *donné* la peine de cueillir et d'apporter. Aussi, pour être vraiment *agréables* à la Sainte Vierge, il faut que vous *essayiez* d'obtenir des notes aussi bonnes que *possible* et qu'à votre dizaine de *chapelet* vous *joigniez* une dizaine de bons points. J'espère donc que l'on *n*'aura ces jours-ci qu'à se louer de vous. Vous prouverez ainsi que votre dévotion à Marie n'est pas *tout* entière dans ces fleurs si rapidement *fanées,* mais qu'elle est au contraire bien plus solide qu'on ne l'aurait *soupçonné, vu* la légèreté que *montrent* si souvent les enfants de votre âge dans les choses *même* les plus sérieuses.

217. — En cette saison les coqs sont vos meilleurs *réveille-matin;* dès que les premières lueurs de l'aurore *commencent* à poindre, on *n*'entend plus qu'eux et du *fond* de chaque poulailler *s'échappent* sans interruption ces notes perçantes dont vous avez *entendu* souvent les bruyants échos. Ces joyeux chants du coq qui *déchirent* l'atmosphère *montent* vers le ciel comme une prière du matin : c'est à cette heure que se *renouvellent* les manifestations de la vie *interrompues* par les ténèbres de la nuit et rien n'empêche que je *voie* dans les matineux accents du coq les premiers hommages que *présente* au Créateur la nature encore à *demi* assoupie. Je crois même volontiers que la *voix* du coq a été *choisie* par Dieu pour nous inviter à la prière comme il s'en est *servi* pour amener Pierre au repentir. *Quels que soient* d'ailleurs sur ce point l'opinion des hommes et les desseins de Dieu, il importe surtout que nous *priions* chaque matin avec la persévérance que *montrent* les coqs à chanter; on pourra voir ainsi dans cet instinct naturel du coq une certaine image des mouvements et des aspirations *surnaturels* de l'âme.

218. — L'époque à laquelle *se passent* ordinairement les examens *approche;* il est donc à souhaiter que vous *multipliiez* vos efforts afin d'être *prêts*. Parmi les jeunes gens qui vous ont *précédés*, on en a *vu* qui se sont amèrement *repentis* de n'avoir pas employé les derniers jours à des exercices et des études *exceptionnels* de préparation. J'espère que l'on *n*'aura rien de semblable à vous reprocher et que jusqu'à la fin vous saurez tirer *parti* même des plus petites *demi*-heures dont on vous aura *laissé* la libre disposition.

219. — L'école est une image de la société. Les passions, ce triste apanage de la famille d'Adam, y *entrent* avec l'enfant, pour qui *commencent*, dès cette époque, les luttes de la vie ; de plus, les mauvais conseils, les mauvais exemples *même* travaillent déjà à lui ravir son innocence et l'on peut dire que, *vu* son ignorance et sa faiblesse, il est entouré des mêmes dangers que l'homme fait. A ces funestes influences, il faut opposer de bienfaisants *contre*-courants, qui en neutralisent les mauvais effets; or, on *n*'en saurait trouver de véritablement *efficaces* en dehors de l'école chrétienne, car on a beau chercher, on *n*'arrivera jamais à remplacer la crainte de Dieu par la crainte du maître et les sanctions humaines ne sont que des *demi*-mesures, *séparées* de la sanction divine. La menace de celle-ci exerce une influence *tout* autre sur la jeune intelligence de l'élève qui sait ne pouvoir y échapper, comme il peut éviter l'œil du maître *quelques* belles paroles dont celui-ci se serve pour se faire redouter. Habituer les enfants à vivre sous le regard de Dieu, voilà donc tout le secret d'en faire des hommes de devoir; *toute* autre méthode est frappée d'impuissance : la statistique des condamnations judiciaires s'est *chargée* de le démontrer.

220. — Tu n'as sans doute pas oublié, mon enfant, l'histoire d'Hérode que l'on t'a *racontée* plus d'une fois. Tu te *rappelles* encore la fureur sanguinaire de ce tyran qui, tout irrité de ne pouvoir frapper à mort l'Enfant Jésus, voulut que l'on *massacrât* tous les enfants de Bethléem *âgés* de moins de deux ans. Cependant, si *cruels* qu'*aient* été les coups portés par son ordre, ils n'atteignirent que la vie corporelle de ces petits innocents, dont le martyre fut couronné d'un bonheur et d'une gloire *immortels*. Or, il y a aujourd'hui de nombreux *Hérodes*, véritablement plus odieux que le premier, parce que ce sont les âmes *mêmes* des enfants que *vise* sournoisement leur haine satanique ; c'est la vie surnaturelle qu'ils ont *juré* secrètement d'étouffer dans son germe, en excluant de l'école les sources destinées à l'entretenir et à le développer, c'est-à-dire le prêtre, les leçons de catéchisme, les livres religieux, les crucifix *même*. Comprends-tu maintenant, mon enfant, pourquoi je dis que les *Hérode*, les *Néron*, les *Dioclétien* ont été moins cruels que ces suppôts de Satan? Si tu veux estimer ton âme à sa juste valeur, *rappelle*-toi les souffrances qu'elle a *coûté* à son Sauveur : alors tu reconnaîtras qu'elle est infiniment plus précieuse que ton corps ; alors tu comprendras pourquoi tous ces lourds sacrifices que tant d'âmes généreuses se sont *imposés* dans le but de t'ouvrir une école catholique ; alors aussi, je l'espère, tu voudras montrer que ces sacrifices ne sont pas *perdus*, mais que tu en as *profité* pour le bien de ton âme.

221. — Mes enfants, ne perdez pas de vue l'incontestable supériorité que *possèdent* l'enseignement et l'éducation *donnés* dans votre école sur les systèmes de pédagogie *adoptés* dans les écoles laïques. Là, on *n*'a guère d'autre souci que de rendre *forts* en grammaire et en calcul les enfants qui fréquentent la classe ; ici, au contraire, vos âmes ne sont pas *oubliées*, et l'on travaille à vous rendre tout aussi vertueux que *savants*. Or, vous savez qu'il importe avant tout que vous ne *déviiez* point de la route qui mène au ciel : *vivent* donc les écoles catholiques *où* l'on vous met sur cette *voie!* Mais noblesse oblige, et *quelles que* soient les aventures que vous *réserve* l'avenir, j'espère que vous tiendrez à vous conduire toujours de manière que, plus tard, on *voie* clairement *où* vous avez été *élevés.* D'ailleurs, la parabole évangélique des talents *s'applique* parfaitement aux avantages que vous *procure* le bienfait d'une éducation chrétienne sur tant d'autres enfants qui en sont malheureusement *privés.* Devant Dieu, ces derniers pourront donner comme excuse le peu d'indications qu'ils auront *trouvé* à l'école et dans la famille; à vous, au contraire, Dieu demandera compte des leçons de catéchisme, des bons exemples, des bons conseils, des réprimandes *même* qui ne vous sont pas *épargnés* ici.

222. — N'oubliez pas que les écoles *où* vous avez *passé* votre enfance *portent* l'enseigne de catholiques. Ce titre indique qu'on *n*'y a rien négligé pour vous former à la pratique des devoirs et des vertus *essentiels* de la vie chrétienne. A vous maintenant de faire le plus d'efforts *possible* pour conserver les bonnes habitudes que vous y avez *contractées;* noblesse oblige : si vous avez *grandi* dans une école chrétienne, il ne faut pas que vous *reniiez* cette origine par une conduite *tout* autre que celle dont on vous a *tracé* les règles dans les leçons de catéchisme *auxquelles* vous avez *assisté* si souvent. Aussi *quelques* mauvais exemples que vous *ayez* sous les yeux, persévérez avec courage sans vous inquiéter des sourires, des moqueries, des injures *même;* vous éviterez ainsi les remords et les hontes *cachés* qu'*entraîne* toujours avec elle la mauvaise conduite et vous mériterez les joies que *réserve* le Paradis à ceux qui auront *lutté* jusqu'au bout.

223. — Les avantages que *procure seule* l'éducation chrétienne *forment* un véritable trésor dont la valeur ne saurait être trop *appréciée* par les enfants qui en ont *reçu* comme vous, l'inestimable bienfait. En effet, l'important n'est pas que nous *ayons* beaucoup étudié, mais que nous nous *sanctifiions* sur la terre pour obtenir le paradis. Or, tandis qu'à l'école laïque on *n'*apprend rien sur les moyens *même* les plus ordinaires de gagner le ciel, à l'école catholique au contraire non seulement le calcul, la grammaire et la couture sont *enseignés* tout aussi bien qu'ailleurs, mais de plus l'étude du catéchisme et l'habitude de la prière *préparent* les élèves à la pratique des devoirs et des vertus sans *lesquels* il n'y a pas de vie chrétienne. Aussi *quelque séduisantes* que *soient* les beautés extérieures de l'école laïque, restez *attachées* à l'école catholique *où* vous avez *grandi;* estimez-vous heureuses de l'avoir *fréquentée*, mais surtout conduisez-vous de manière que l'on *voie* bien que vous y avez *passé*.

224. — Si dans les classes que vos parents ont *préféré* vous voir fréquenter plutôt que d'autres, on s'était contenté de vous instruire, on *n'*aurait presque rien fait pour vous. Mais en vous accueillant, vos dignes maîtresses s'étaient *proposé* de vous donner mieux encore que la science et pendant les années que vous avez *vécu* auprès d'elles, elles se sont *efforcées* de vous former à la vertu avec le moins de frais *possible*. J'aime à penser que leurs efforts ont *abouti,* car les moyens ne leur ont pas *manqué* et elles s'en sont certainement *servies*. Voilà *où* se *montrent* la réelle supériorité et les inappréciables avantages que *possède* l'école catholique sur tant d'autres dont les *prospectus* et les réclames *remplis* de belles tirades ne sont que des *trompe-l'œil*. Ces établissements coûtent *cher,* mais leur pauvreté se montre dans le peu de résultats qui *couronne* leurs essais, *quels que soient* d'ailleurs la capacité de leur personnel et le luxe de leurs aménagements. Ici la classe a son atmosphère comme *tout* embaumée de la présence de ce Dieu que l'on *n'*a vu nulle part mais que l'on rencontre partout ; vos maîtresses ont *revêtu* sa livrée et de leurs lèvres s'*échappe* en toute occasion un mot qui vous le rappelle ; les murs *mêmes* vous parlent de lui avec éloquence par les images pieuses dont on les a *ornés* et que vous *priiez* ou que vous *étudiiez*, vous avez toujours en vue de faire plaisir non pas, comme ailleurs, à Mademoiselle, mais à Dieu lui-même. Voilà qui est infiniment plus noble, plus vrai, plus solide : je vous félicite d'avoir *reçu* de tels enseignements, et je souhaite que partout *où* vous irez, on *voie* bien que vous en avez *profité*.

225. — Les ennuis et les fatigues *supportés* par le maître dans sa classe ne *donnent* pas toujours les résultats qu'il en avait *espérés*. Il y a des enfants dont on *n'*obtient rien, *quelle que* soit la méthode d'enseignement *adoptée* en vue de leur faciliter l'étude; pour eux, les explications *même* les plus simples sont encore trop *élevées* ou passent *inaperçues* à cause de leur légèreté d'esprit *habituelle*, et lorsque, d'une voix cassée à force de répétitions qu'il s'était *appliqué* à rendre aussi intéressantes que *possible*, le maître se hasarde à interroger, les *demi*-réponses qu'il arrache péniblement une à une lui *montrent* bien quel maigre profit ces mauvais élèves ont *retiré* de son enseignement. Croyez-vous, mes enfants, que de telles fatigues soient complètement *perdues?* Non, n'est-ce pas : vous savez que ce dévouement et cette abnégation *mis* à votre service pour l'amour de Dieu recevront aussi de lui leur véritable récompense. Cependant, efforcez-vous d'apporter en classe les meilleures dispositions *possibles*, afin qu'en réjouissant votre maître par des progrès chaque jour plus *marqués*, vous le *payiez* déjà vous-mêmes un peu de son temps et de sa peine.

226. — L'autorité que *représentent* vos maîtres *exige* que vous leur *témoigniez* un respect et une soumission *inspirés* par la crainte de Dieu, car ils tiennent sa place. Quand ils vous ont *parlé* ne répliquez pas et quand ils vous ont *commandé* telle ou telle chose, *quels que* soient vos préférences et vos goûts, obéissez comme si Dieu lui-même vous avait *manifesté* sa volonté. Si tous les enfants étaient bien *pénétrés* de cette pensée, on *n'*aurait jamais la tristesse de rencontrer de ces étourdis qui se croient tout permis, pourvu qu'on ne les *voie* pas : comme s'ils avaient *échappé* au regard de Dieu, parce qu'ils se sont *dérobés* à l'attention de leurs maîtres !... Écoutez la Sainte-Écriture : « Pour Dieu, dit-elle, jamais les ténèbres ne se sont *obscurcies* et à ses yeux la nuit est *tout* aussi claire que le jour. » Voilà ce que *refusent* d'entendre les malheureux qui se sont *perdus* dans les folies du Carnaval et de la *Mi-Carême*; ils se seraient *épargné* bien des remords, si à l'école ils avaient *grandi* dans la crainte de Dieu qui est le commencement de la sagesse.

227. — Le jeune homme qui s'est placé parmi les bons élèves *aime* à revenir de temps en temps à l'école qu'il a *fréquentée*. Le souvenir des soins assidus et des marques de bonté qu'il y a *reçus* l'accompagne dans le monde, et les sentiments que lui *inspire* la reconnaissance le *ramènent* souvent près de ses anciens maîtres. Il s'aperçoit d'ailleurs bien vite que ceux-c n'ont pas *changé* et sont toujours *disposés* à lui continuer lei dévouement et la sollicitude *paternels* qu'ils lui ont si généreusement *prodigués* dans son enfance. Il sait aussi qu'on *n'*a rien à perdre dans la fréquentation des hommes d'expérience, et que si tant de jeunes gens se sont *trompés* avant lui, c'est qu'ils se sont *imaginé* pouvoir se passer des conseils d'autrui. Il est donc très désirable que vous n'*oubliiez* pas le chemin de l'école, vous qui l'aurez bientôt *quittée ;* votre intérêt personnel et la reconnaissance que *méritent* vos maîtres l'exigent également, *quelques* mauvais conseils que l'on puisse vous donner pour vous en détourner.

228. — Les jeunes filles qui, définitivement *sorties* de l'école, ont *suivi* les conseils qu'elles y ont si souvent *reçus*, n'ont jamais *connu* les remords qu'*inspire* à beaucoup d'autres une inconduite précoce. Dans *quelque* temps, vous aurez, vous aussi, *quitté* l'école ; si vous désirez vivre *heureuses*, ne vous écartez pas de la voie qui vous a été *tracée* par vos excellentes maîtresses de classes. Vous serez, sans aucun doute, *invitées* par elles à des réunions dominicales *où* elles continueront à vous entourer de soins et d'attentions *exceptionnels*. Rendez-vous fidèlement à ces réunions, *quels que soient* les difficultés et les obstacles que l'on vous opposera peut-être pour vous en détourner ; conformez votre conduite aux sages avis qui vous y seront fréquemment *donnés*, et si par hasard vous aviez *mérité* une réprimande de la part de vos anciennes maîtresses, soyez bien *persuadées* que celles-ci n'obéiront jamais, en vous l'adressant, qu'à leur amour et à leur sollicitude *maternels* pour vous.

229. — Les jeunes filles qu'une éducation chrétienne a *comblées* de soins et d'attentions aussi *dévoués* que *multipliés* doivent montrer qu'elles en ont *profité*, en restant pieuses et chrétiennes dans le monde. Arrière donc le respect humain qu'*inspirent* trop souvent les mauvais exemples auxquels vous serez peut-être *exposées* bientôt. *Quels que soient* les difficultés et les obstacles que vous rencontrerez, restez dans la *voie* que vous ont *tracée* les excellentes maîtresses auxquelles vos parents ont remis le soin de vous élever. On *n*'a jamais vu personne regretter d'avoir suivi avec fidélité les bons conseils reçus au catéchisme, au confessionnal et en classe, tandis qu'au contraire parmi les jeunes filles que j'ai *connues*, j'en ai déjà *vu* plusieurs devenir malheureuses pour toute leur vie, parce qu'elles avaient négligé les avertissements et les réprimandes pourtant si *maternels* de leurs anciennes maîtresses.

230. — Les usages et les règles de la politesse *auxquels* on vous a *exercés* à l'école *forment* un précieux petit bagage que je vous conseille d'emporter avec vous. On *n*'a jamais vu personne *regretter* d'avoir été *poli*, tandis qu'au contraire les gens *même* grossiers sont souvent très *ennuyés* d'avoir *manqué* aux égards et aux convenances *habituels* dans la bonne société. D'ailleurs les obligations que vous *impose* la politesse ne *diffèrent* pas de celles que nous *prescrit* la charité chrétienne dont on vous a *parlé* si souvent. Aussi, pour rester *polis*, il suffira que vous n'*oubliiez* pas la leçon de catéchisme *où* se *trouvent* très clairement *expliqués* nos devoirs envers le prochain. *Quels que soient* donc les gens avec qui vous aurez affaire, conduisez-vous toujours de manière que l'on *voie* tout de suite que vous avez *grandi* dans une école catholique et que vous en avez *profité*.

231. — Les mauvaises habitudes que l'on *n*'a pas *combattues* dans la jeunesse se *corrigent* difficilement dans l'âge mûr. Vous êtes comme ces jeunes plantes de jardin *auxquelles* on donne des tuteurs pour les maintenir *ferme* contre les coups de vent. En effet, les bons conseils et les sages réprimandes que vous avez *reçus* à l'école *forment* par leur ensemble une véritable règle mise entre vos mains pour que, par elle, vous *rectifiiez* les déviations naissantes de votre nature, comme celles des jeunes arbustes sont *redressées* par les tuteurs auxquels le jardinier les a *liés*. Poussez donc, jeunes gens, et développez-vous; mais surtout poussez *droit* en suivant les précieuses indications que vos bons maîtres vous ont *données*, *quels que soient* d'ailleurs les insinuations perfides et les exemples *même* plus ou moins funestes que vous rencontrerez jusque dans vos familles peut-être.

232. — L'enfant qui *lit* tous les livres qui lui tombent dans les mains *s'expose* gravement à perdre l'innocence que lui a *rendue* le baptême. De même aussi l'enfant qui se *lie* d'amitié avec n'importe qui court grand risque de mal tourner. *Quels que soient* donc la jouissance et le plaisir que tu *goûtes* dans la lecture et la société, *apporte* beaucoup de prudence dans le choix de tes livres et de tes amis. Je t'*avertis* d'ailleurs et je te *prie* de ne pas oublier que pour devenir des hommes de caractère, il faut que jeunes encore nous *contrariions* nos goûts et nos passions *naturels* dans ce qu'ils ont d'excessif, en supprimant par exemple les lectures inutiles que *réclame* uniquement la curiosité et en renonçant aux amusements que nous *offre* la compagnie des mauvais camarades. Rappelle-toi de plus que tu dois agir ainsi parce que tu es chrétien, car on *n*'est digne de ce titre que dans la mesure *où* l'on sait commander à ses mauvais penchants, et par conséquent, si tu veux rester le fidèle disciple de Jésus-Christ, il faut que tu *aies* la force de te refuser les plaisirs, les distractions, les délassements *même* simplement dangereux.

233. — Les souffrances chrétiennes *supportées* purifient l'âme et la sanctifient ; et comme on est toujours ici-bas exposé à l'épreuve et en *butte* aux contrariétés, on *n*'est jamais dépourvu des moyens ordinaires de sanctification. « O douleur, tu n'es qu'un *mot* ! » *avaient* dit les philosophes païens, déçus de se voir *impuissants* à la rendre moins *aiguë*. Mais voici que l'Homme-Dieu est venu diviniser en quelque sorte la réalité des *maux* de la vie présente et nous donner des *avant-goûts* du bonheur céleste dans les consolations que *procure*, à ceux qui l'aiment, la joie de souffrir avec lui. J'ai vu le chrétien épuisé par la souffrance mais non pas abattu, et bien qu'il *éprouvât* tout à la fois les tourments les plus variés, il puisait dans son esprit de foi des consolations, des douceurs, des joies *même* inconnues au monde. C'est qu'il n'ignorait pas qu'on *n*'est jamais plus agréable à Dieu que lorsqu'on supporte en patience et en paix les croix qu'il envoie. Aussi *quelles que* soient les pieuses pratiques auxquelles on *ait* donné ses préférences, on ne doit pas oublier que la sainteté *tout* entière consiste à souffrir ce que Dieu veut, comme il le veut, et que si nous voulons partager avec Jésus-Christ les mêmes voluptés célestes, il faut que nous nous *associions* d'abord ici-bas à son esprit de sacrifice.

234. — Les enfants coûtent *cher* à leurs parents, non seulement par les dépenses qu'*exige* leur éducation, mais aussi par les travaux, les soucis, les chagrins *même* qu'ils leur causent trop souvent. Vous qui êtes *arrivées* à l'âge *où* l'on quitte l'école pour rentrer dans la famille, efforcez-vous de rendre *agréables* à vos parents les journées que vous allez passer près d'eux et faites en sorte que, grâce aux soins et aux prévenances *continuels* dont vous les entourerez, ils oublient peu à peu les peines que vous leur avez *causées* quand vous étiez petites. Les sentiments qu'*inspire* la reconnaissance *réclament* donc la première place dans vos cœurs, et la meilleure récompense que *souhaitent* vos parents pour leurs dernières années *consiste* dans l'expression affectueuse que vous leur donnerez de ces sentiments. Dieu lui-même vous commande de le faire, car il a dit : « Tes *père* et *mère honoreras*, afin de vivre longuement. »

235. — Les gens qui n'ont jamais *déménagé* de leur vie ne se *figurent* pas les ennuis que *suscite* un changement de maison. *Quelque* grandes que soient les précautions prises, il arrive presque toujours qu'une partie du mobilier est *abîmée* dans le transport et que certains petits ustensiles de ménage *disparaissent* comme par exemple les *tire-bouchons* et les *abat-jour*. Comment ? on *n*'en sait rien. Ajoutez aux dégâts et aux pertes *indiqués* ici les dépenses qu'*entraîne* aussi un déménagement par suite des réparations, des imprévus, des *pourboires même* auxquels on est tenu, et vous comprendrez pourquoi je répète que ceux qui ont *échappé* à l'obligation de changer de domicile se sont *évité* bien des tracas. Cependant, quoique *regrettables*, je dois dire que ces dégâts et ces pertes ne sont pas irréparables, et l'essentiel, c'est qu'au déménagement suprême de cette vie, nous n'*oubliions* rien, de manière que nous *soyons* aussi bien intallés que *possible* dans les demeures éternelles du ciel.

236. — Certaines conséquences de l'ivresse *s'étalent* trop souvent dans nos rues pour que *j'aie* besoin de vous les *signaler*. En ville surtout on *n*'est guère huit jours sans rencontrer de ces hommes dont le regard et la face *abrutis portent* les signes *avant-coureurs* des tristes infirmités auxquelles leur affreuse passion les a *livrés*. Ils s'en vont titubant presqu'à chaque pas, *poursuivis* par les huées des écoliers et le mépris qu'*inspirent* aux honnêtes gens les marques d'ignominie *gravées* sur leurs visages. Mais *quelque* repoussantes que soient ces suites de l'ivresse, il en est d'autres encore plus hideuses que vous n'avez peut-être jamais *soupçonnées* : je veux parler des disputes, des querelles, des rixes *même* qui trop souvent *désolent* le foyer de l'ivrogne ; je veux parler des dures privations que *supporte* sa famille et de la misère *où tombent* trop souvent aussi ses malheureux enfants réduits à mendier le morceau de pain dont son inconduite les a *privés*. En voilà, je crois, plus qu'assez pour que vous vous *méfiiez* des cabarets et que vous y fassiez le moins de visites *possible*, car d'après le proverbe : qui a bu boira.

237. — Les dangers qu'*entraîne* la fréquentation du cabaret se *manifestent* tous les jours par les malheurs et les hontes *relatés* dans les journaux. Que de rixes, de scandales, de crimes *même* causés par l'ivresse ! et le nombre des imprudents qui se sont *déshonorés* dans les estaminets ne se *compte* plus. Outre la santé du corps qu'ils y ont *perdue* par leurs excès, ils ont également *dissipé* le peu de ressources *destinées* à soutenir leurs familles, car les pièces de monnaie que l'ivrogne a *laissées* sur le comptoir et les heures qu'il a *dormi* pour cuver sa bière *représentaient* le vivre et le couvert des siens. Alors les enfants ont *manqué* de pain et peu à peu la misère a *suivi* avec toutes ses mauvaises inspirations. Aussi, croyez-moi, pour rester *honnêtes*, il sera bon que vous *fuyiez* autant que possible le cabaret, *quels que soient* d'ailleurs les agréables *passe-temps* que l'on *n*'oubliera pas de vous promettre pour vous y attirer.

238. — L'habitude de fumer, si malheureusement *contractée* par de *tout* jeunes garçons, se *propage* de plus en plus. On *n*'est guère huit jours sans rencontrer des bambins qui, avec les deux sous du dimanche ***donnés*** par les parents, se sont ***payé*** bien vite quelques mauvaises cigarettes, que ***débite*** toujours volontiers le marchand pressé de s'en débarrasser. J'en ai même *vu* parfois qui avaient en bouche de ces pipes en terre cuite, *appelées* vulgairement des ***brûle-gueule.*** Les sages prescriptions de l'hygiène ***demandent*** que vous vous ***méfiiez*** de pareils entraînements, car, sans parler des troubles et des émotions heureusement peu ***cruels*** que *traverse* le jeune fumeur à ses premiers essais, il n'est pas rare que l'on ***voie*** des hommes qui se sont *altéré* pour toujours la santé par un usage excessif du tabac et se sont ***empoisonnés*** avec la nicotine que ***renferment*** ses résidus. Aussi ***quelque raffinés*** que vous semblent l'odeur et le goût du tabac, usez-en modérément et que pour vous, les pipes, les cigares, ***même*** ne soient jamais que des ***passe-temps*** récréatifs aussi rares que ***possible.***

239. — Les journaux sont aujourd'hui très *répandus* ; en ville on *n*'a que l'embarras du choix, et dans les villages ***même*** les plus petits, la feuille, comme on dit, est *apportée* de grand matin avec les voyageurs que ***débarque*** le premier train. Malheur à ceux qui se sont ***imaginé*** pouvoir lire n'importe quoi ; peu à peu ils ont *ajouté* foi aux mensonges et aux calomnies ***inventés*** contre la religion et bientôt ils l'ont ***insultée*** avec leur journal. Aussi, parmi les gens qui ont ***déserté*** l'église et se sont *affranchis* de toute pratique religieuse, on peut dire que les mauvais journaux en ont *égaré* beaucoup. Voilà pourquoi je souhaite vivement que plus tard vous vous ***méfiiez*** du poison que ***distillent*** sournoisement des ***gratte-papiers*** sans vergogne ***décorés*** du titre de journalistes et ***payés*** tant la ligne. Dans tous les cas, ne soyez jamais de ces naïfs qui regardent comme ***vraie*** une chose parce qu'ils l'ont *lue* dans la feuille, ***quels que soient*** d'ailleurs la couleur et le nom de celle-ci.

240. — Le titre de travailleur que se ***donnent*** si volontiers les ouvriers ***passe*** bien à tort pour n'appartenir qu'à eux seuls.

Pour travailler, il n'est pas nécessaire que nous *maniions* tous un marteau ou une truelle et les gens qui ont *vieilli* dans l'étude *méritent* aussi de compter parmi les travailleurs. Est-ce qu'ils n'ont pas *travaillé* ces prêtres qui se sont *dévoués* leur vie *tout* entière au soulagement des malheureux et ces maîtres qui se sont *imposé* la lourde tâche de vous instruire? Et ces industriels, ces commerçants, ces rentiers *même* dont les équipages et les maisons *décorés* avec luxe *excitent* souvent l'envie des pauvres, pourquoi ont-ils *réussi* dans leurs affaires, sinon, parce qu'ils ont *travaillé*? Sans doute, il peut arriver que l'on *voie* parmi eux des gens qui, *nés* dans la richesse, en ont *profité* pour fainéanter; mais *quelque* nombreux que soient les paresseux parmi les riches, on *n*'en compte guère moins parmi les pauvres et j'en ai déjà *vu* qui traînent *nu*-pieds dans les rues, parce que nulle part ils ne se sont *montrés* bons ouvriers. Aussi la vérité c'est que tous les travailleurs ne sont pas des ouvriers, ni tous les ouvriers des travailleurs.

241. — L'inégalité que *présentent* les diverses situations humaines *irrite* beaucoup certains esprits. Aujourd'hui surtout il n'est pas rare que l'on *voie* des gens prédire l'avènement d'une égalité absolue qu'ils ont *rêvé* d'établir entre les hommes, de sorte que, d'après eux, on *n*'entendrait plus parler ni de riches ni de pauvres. Mais la société que *souhaitent* ces réformateurs *risque* beaucoup de n'être jamais *réalisée*, car *quelles que soient* leurs tentatives ils n'empêcheront pas qu'il y *ait* toujours d'un côté des hommes intelligents et travailleurs que *couronne* la fortune et de l'autre des imbéciles, des fainéants, des gaspilleurs *même* que *guette* la misère; ils n'empêcheront pas non plus qu'il y *ait* toujours des malheureux auxquels la chance a *manqué* et que l'épreuve a *frappés* comme Job. Aussi pour diminuer les maux de la société, le plus sûr est encore que nous *essayions* de mieux suivre les conseils et les pratiques *fraternels* que *renferme* cette parole de Jésus-Christ: « Aimez-vous les uns les autres! »

242. — Si l'on savait les tracas et les peines *cachés* de certains riches, on *n'*éprouverait aucune envie pour le luxe dont ils font étalage. La fortune que *souhaitent* tant de gens malheureux ne *donne* pas le bonheur, et les joies que *procure* la richesse ne se *trouvent* que chez ceux qui en ont *profité* pour faire le plus d'aumônes *possible*. Aussi j'appelle heureux ceux dont les *porte-monnaie* ont *servi* à soulager l'infortune partout *où* ils l'ont *rencontrée;* j'appelle heureux les pauvres qui se sont *résignés* aux privations de leur état. Ceux-là au milieu des jouissances *même* légitimes de la richesse n'en ont pas *abusé;* ceux-ci au milieu des tristesses de leur dénûment ne l'ont pas *désirée :* aux uns et aux autres *s'applique* la première des béatitudes solennellement *proclamées* par Notre-Seigneur Jésus-Christ. Mais malheur aux riches qui se sont *ri* des pauvres, et malheur aux pauvres qui se sont *emparés* du bien des riches; ils trouveront leur condamnation dans le peu de mérites qu'ils auront *apporté* au tribunal de Dieu et comprendront trop tard que la vie n'est pas, comme ils l'auraient *voulu*, une suite de jouissances égoïstes.

243. — Parmi les jeunes gens qui ont *grandi* dans les écoles catholiques, il y en a beaucoup que les mauvaises fréquentations ont *pervertis*. Jusqu'à l'âge de quinze ans et *demi* environ, *c'étaient* des modèles; à l'école puis au patronage, on *n'*en avait peut-être jamais *vu* qui fussent plus sages et plus assidus. Puis peu à peu ils ont *changé;* ils sont *devenus* négligents et enfin ils ont *manqué* à la messe. Les motifs que *suppose* pareil changement se *trouvent* presque toujours dans les mauvaises passions que des amis, des parents *même* ont *éveillées* dans ces malheureux jeunes gens, en les entraînant dans des cabarets et des promenades mal *fréquentés*. Aussi pour rester *honnêtes* et *chrétiens*, il faudra que tous vous *répudiiez* énergiquement la société de ceux qui après avoir *déserté* l'église de leur première communion *insultent* maintenant les maîtres qui leur ont *enseigné*, dans les leçons du catéchisme, la *voie* du devoir et de l'honneur. D'ailleurs, *quelque* fiers qu'ils soient, ces débauchés sont souvent *punis*, comme l'enfant prodigue, par *où* ils ont *péché*, car leur vie n'est pas aussi gaie qu'ils l'auraient *espéré*. Après avoir *glissé* dans le vice, ils tombent dans la misère et comme de misérables *va-nu-pieds*, ils sont encore heureux de pouvoir frapper à la porte des *hôtels-Dieu*, afin d'y mourir *réconciliés* avec l'Église qui leur a *gardé*, malgré tout, son amour et son indulgence *maternels*.

244. — Les récits que *renferme* l'Histoire-Sainte nous *donnent* des avertissements et des leçons *destinés* à nous instruire. Ils sont comme des *porte-voix* dont Dieu se sert afin que l'ayant mieux compris nous l'*oubliions* moins et le *craignions* davantage. Nous y voyons que les Juifs ont été sévèrement *punis* chaque fois qu'ils se sont *moqués* de Moïse et des prophètes, mais que Dieu leur a *pardonné* chaque fois qu'ils se sont sincèrement *repentis*. Et pour qu'on ne *croie* pas que la conduite de Dieu est aujourd'hui *changée*, Notre-Seigneur nous a *montré* notre histoire dans celle des Israélites et nous a *prévenus* que les châtiments, *même* les plus terribles, *subis* par le peuple juif ne *donnent* qu'une faible idée des tourments que *mérite* dans l'éternité l'âme infidèle à la grâce. Aussi *quels que soient* le nombre et la violence des tentations, repoussons-les avec l'énergie de Joseph et *quelque* grandes que soient nos fautes pleurons-les avec les larmes de David; alors nous serons comme lui *pardonnés*, car on *n*'a jamais vu que Dieu *ait* repoussé les cœurs contrits.

245. — Les souvenirs que *laisse* la première communion *comptent* parmi les plus doux et les plus solides. Jamais on *n*'oublie complètement les joies que l'on a *goûtées* ce jour-là, *quels que soient* l'indifférence, les fautes, les désordres *même* *où* l'on est tombé dans la suite. Bien des prêtres nous ont *raconté* que parmi les égarés qu'ils avaient *ramenés* dans la bonne *voie,* ils en avaient *rencontré* beaucoup qui s'étaient facilement *convertis* grâce aux impressions gravées dans leurs âmes par une bonne première communion ; impressions que les *va-et-vient* d'une vie mouvementée *n'avaient* pas *effacées.* Ces retours s'expliquent par les pressantes sollicitations que *multiplie* la grâce divine à l'adresse de ceux qui l'ont *rejetée;* en effet lorsque les mauvaises passions se sont *emparées* d'une âme, le Dieu de l'Eucharistie ne s'en éloigne pas : il reste à la porte et la pousse doucement, afin que cette âme l'*entrevoie* et le reconnaisse. Vous donc, heureuses enfants, que Jésus a *visitées* naguère pour la première fois, sachez qu'il ne quittera plus vos cœurs, pourvu que vous en *balayiez* avec soin la poussière empoisonnée que le démon y aurait *jetée* malgré vous.

246. — Les épreuves que *renferme* toute une vie humaine *affligent* bien des âmes et *troublent* bien des cœurs ; les jeunes gens y sont *exposés* et les vieillards ne peuvent s'en croire *délivrés.* Mais *quels que soient* leur amertume et leur nombre, ayons confiance, car Dieu ne permet jamais que nous *soyons éprouvés* au delà de nos forces. Les mérites que *procure* aux âmes fidèles la souffrance généreusement *acceptée,* leur *préparent* dans le ciel une source intarissable de bonheur et de joie *continuels.* Que la pensée du ciel nous soit donc *habituelle* dans les moments difficiles et rappelons-nous que c'est par l'épreuve que Dieu rend *semblables* à son divin Fils ici-bas ceux qu'il appelle à partager sa gloire là-haut. Par conséquent, estimons-nous heureux d'avoir été *choisis* pour suivre Jésus-Christ à travers les chagrins et les peines *temporels* de ce monde, car c'est une preuve que nous partagerons avec lui les plaisirs et les joies *éternels* du ciel.

247. — Il n'est pas rare que l'on *voie* des enfants en proie à de gros chagrins ; leurs calculs et leurs espérances ont été *trompés;* leurs désirs n'ont pas *abouti;* leurs projets ont *échoué:*

de là, du dépit, des pleurs, des colères *même*. Et pourquoi? pour des riens, car lorsqu'on est jeune on *n*'a guère de soucis sérieux. Mais l'importance que *donnent* la plupart des enfants à leurs moindres actions *explique* leur impatience dans les contrariétés qu'ils rencontrent au milieu des jeux et des occupations *habituels* de leur âge. Soyez donc plus raisonnables et *quels que* puissent être l'ardeur de vos désirs et le nombre des obstacles qui s'y opposent, habituez-vous dès maintenant à ces petits *contre-temps*, car il est bon que vous vous *fortifiiez* d'avance contre les épreuves plus importantes que vous *réserve* peut-être l'avenir.

248. — On *n*'est sur la terre que pour souffrir et mourir ; les sots qui s'étaient *imaginé* le contraire se sont *aperçus* bien vite de leur erreur; vous comprendrez cela quand vous aurez *grandi* et que le triste spectacle de cette vie vous sera *connu*. Gardez donc vos pleurs pour plus tard, car *quelques* gros chagrins que vous *ayez* à supporter maintenant, ce ne sont que des bagatelles, *comparés* aux épreuves que vous *prépare* peut-être l'avenir. Mais, s'il faut qu'un jour vous *essuyiez* bien des larmes, n'imitez pas ceux qui en ont *versé* en pure perte, faute de les avoir *sanctifiées* en les mêlant au sang de Jésus-Christ; n'oubliez jamais que dans le malheur et la souffrance chrétiennement *supportés* se *trouve* ici-bas le germe du bonheur sans fin de là-haut. C'est une vérité que *proclament* tout ensemble la doctrine et la vie de Jésus-Christ dont les traces ne se rencontrent que sur la *voie* du calvaire. Tant pis pour les jouisseurs qui, *sourds* à la *voix* de Dieu, *repoussent* comme des *trouble-fêtes* ceux qui prêchent la pénitence, mais heureux ceux qui, avec Ste Thérèse, ne *demandent* qu'à souffrir ou à mourir.

249. — La trop grande indulgence que *montrent* certains parents pour leurs enfants *indique* chez eux un oubli regrettable de leurs obligations *même* les plus élémentaires.

Pour être *bons,* il n'est pas nécessaire que les parents soient *faibles* et les sentiments qu'*inspire* l'affection ne *suppriment* jamais les devoirs qu'*impose* la paternité. Soyez donc reconnaissants à vos parents non seulement des caresses qu'ils vous ont *données,* mais aussi des reproches et des corrections qu'ils vous ont *infligés* et sans lesquels vous auriez peut-être mal *tourné,* comme tant de jeunes *va-nu-pieds.* C'est qu'en effet, nous avons tous en nous-mêmes un *fond* de mauvais instincts qui doivent être *combattus* dès l'enfance et il n'est pas rare que l'on *voie* d'excellentes gens qui ne sont *devenus tels* que grâce aux corrections par lesquelles on *n'*a jamais manqué de leur faire payer leurs petites fredaines d'enfants. Aussi *quelque* dures qu'elles vous *aient paru,* vos punitions d'autrefois vous ont *servi* de sauvegarde plus que vous ne pensez et il ne faudra plus longtemps pour que vous en *appréciiez* complètement la nécessité.

250. — L'ordre et la discipline *exigés* de vous à l'école vous *semblent* parfois *difficiles* à observer ; cependant pour être bien *élevés* il faut absolument que tous vous *pliiez* sous une règle par laquelle les mauvais penchants de votre nature soient *réprimés,* de façon à laisser le moins de traces *possible.* Si certains enfants se sont *laissé* trop souvent entraîner à des caprices, des grossièretés, des colères *même auxquels* on *n'*est guère habitué dans la bonne société, c'est qu'ils ont été mal *élevés;* quelques corrections bien *appliquées* auraient *suffi* pour les rendre *meilleurs;* mais c'est à peine s'ils en ont *reçu,* alors qu'il aurait fallu qu'on les *grondât* souvent, et, comme des arbustes qu'on a *négligé* de redresser, ils ont *poussé* de travers. D'ailleurs les obligations qu'*entraîne* la discipline militaire *dépassent* de beaucoup celles que l'on vous a *imposées* à l'école, et la vie du soldat n'est pas aussi facile que vous l'avez peut-être *supposé* jusqu'ici. Il faudra qu'à la caserne plus encore qu'à l'école on vous *voie* soumis aux différents points de la consigne, *quels que soient* leur importance et le galon de celui qui vous aura *commandés;* mais la discipline vous sera d'autant moins dure que vous l'aurez mieux *observée* en classe et voilà pourquoi c'est encore avec les meilleurs écoliers que se *forme* la meilleure troupe destinée aux *avant-postes* : les autres n'y sont pas admis à cause du peu de garanties que leurs chefs ont *trouvé* dans leur conduite passée.

251. — *Quels que soient* notre santé et notre âge, tous nous avons déjà *passé* par la maladie; *quelques* belles espérances que nous *ayons conçues* pour l'avenir, tous nous nous sommes déjà *demandé* ce qui nous arrivera demain, sans pouvoir répondre; *quelque* hautes que soient les situations que nous aurons *occupées,* tous nous serons *jugés* au même tribunal. C'est à ce jugement que *s'avancent* bon gré mal gré tous les hommes, et des richesses dont ils se sont *prévalus,* des plaisirs *où* ils se sont *complu,* des louanges qu'ils se sont *attirées,* des hommages dont ils ont *savouré* l'encens, ils n'emporteront que des regrets, *voire* même des remords, s'ils en ont *abusé* au mépris de la justice divine. Que reste-t-il des *Napoléon,* des *Condé,* des *Bayard même* et de tant d'autres guerriers si fameux il y a *quelque* cinq cents ans et moins? Quels avantages ont-ils *retirés* de tant d'exploits et de prouesses si glorieusement *accumulés* pendant les courtes années qu'ils ont *vécu* en ce monde? L'admiration posthune que leur *conservent* justement les hommes ne leur *procure* certainement aucun soulagement s'ils sont en enfer et n'ajoute rien à leur bonheur s'ils sont dans le ciel, car devant le tribunal suprême *où* ils ont tous *comparu,* leurs bonnes actions leur ont seules *servi,* si, comme je le pense, ils en ont *accompli* durant leur vie. Ne croyez pas, qu'en vous parlant ainsi, j'*aie* l'intention de rabaisser à vos yeux les héros de notre histoire : non, je désire seulement que vous n'*enviiez* pas uniquement leur gloire et qu'on ne vous *voie* pas aspirer vers une vie *tout* extérieure qui ne serait pas aussi bien remplie que vous l'aviez peut-être *supposé* jusqu'ici. Aux *chefs-d'œuvre* et aux actions d'éclat préférez les bonnes œuvres qui sont les seuls *passe-partout* capables de vous ouvrir le ciel ; plus vous en aurez *accomplies*, plus vous serez à même d'affronter le jugement final ; mais commencez dès maintenant, car *passé* cette vie, c'est trop tard : on *n*'en a plus les moyens.

252. — Les outrages et les calomnies sans cesse *déversés* contre l'Église ne *datent* pas d'aujourd'hui. On *n*'a qu'à ouvrir l'Évangile pour voir que Jésus-Christ les a *essuyés* le premier. Les pharisiens s'étaient *attachés* à ses pas et quoi qu'il *arrivât* ils étaient par avance *décidés* à l'accuser de quelque chose. A les entendre la puissance de Jésus-Christ sur les possédés *venait* du démon et les guérisons de malades *opérées* le jour du sabbat *prouvaient* qu'il n'était pas envoyé de Dieu. En voyant le jeûne et l'abstinence *continuels* de saint Jean-Baptiste ils s'étaient *écriés* : « voilà un démoniaque ! » et parce que Jésus-Christ mangeait comme tout le monde, ils disaient : « c'est un gourmand ! » Aujourd'hui nous entendons leurs *arrière-neveux* traiter les prêtres de farceurs, de fainéants, de criminels *même*, *quelque* respectables que soient ceux qu'ils insultent ainsi. Mais quand vous en aurez *rencontré* qui vous répéteront ces choses, il suffira que vous *vérifiiez* leur conduite pour voir que leur haine des prêtres *repose* uniquement sur leurs mauvaises passions, comme autrefois la haine des pharisiens pour Jésus-Christ.

253. — La gloire que *procurent* de nombreuses victoires *coûte cher* au pays qui la récolte et le bonheur auquel *aspirent* les peuples se *trouve* beaucoup moins dans les exploits d'un conquérant que dans l'administration bien *ordonnée* d'un monarque pacifique. A chaque page de notre Histoire se *trouvent* des noms de champs de bataille *illustrés* par tel ou tel guerrier ; mais on *n*'y voit rien sur les larmes qui ont *coulé* dans les nombreux foyers subitement *plongés* dans le deuil par ces combats meurtriers. L'Histoire ne nous a *conservé* ni la liste des orphelins et des veuves *tombés* dans la misère, ni le tableau des vols, des pillages, des crimes *même* qui se sont *accomplis* au milieu des troubles que *suscite* toujours un peu la guerre. Aussi *quels que soient* votre admiration et votre enthousiasme pour nos gloires militaires, il est bon que vous *vérifiiez* le revers de la médaille : la guerre est toujours un malheur et si la mémoire du roi Henri IV est *restée* populaire parmi les Français, c'est à cause de la paix qu'il leur a *rendue* et de l'intention qu'il avait *montrée* d'améliorer les *pot-au-feu* de ses sujets.

254. — L'Histoire de notre pays a été souvent *falsifiée* par les mensonges et les calomnies *répandus* contre l'Église. D'après certains écrivains, avant la Révolution on *n*'avait rien fait pour les pauvres et les gens du peuple *gémissaient* dans une profonde misère, *opprimés* par les rois, les seigneurs, les évêques *même*. Mais ceux qui se sont *appliqués* à l'étude de l'Histoire, sans *parti* pris, savent sur quelles fables absurdes *repose* cette affirmation ; ils savent que les seigneurs du Moyen Age, *excepté* quelques-uns, n'ont jamais *abusé* de leur puissance et ne se sont jamais *joués* de leurs sujets, comme ces faux historiens se sont *plu* à le dire ; ils savent que les évêques se sont presque toujours *servis* de leurs immenses ressources pour être la providence des malheureux ; ils savent qu'on avait alors des *Hôtels-Dieu* pour les malades et de nombreux monastères *où* les pauvres se voyaient toujours *accueillis* avec le plus d'égards *possible* et sans aucune des formalités qu'*exige* le Bureau de Bienfaisance. Apprenez donc tout cela, vous aussi, afin que plus tard vous *justifiiez* l'Église des reproches et des injures que lui auront *lancés* devant vous des misérables sectaires qui ne la trouvent pas encore aussi *déshonorée* qu'ils l'ont *rêvé*.

255. — Les historiens protestants se sont *attaqués* à l'Église toutes les fois qu'ils en ont *trouvé* l'occasion ; ils lui ont *reproché* des injustices, des crimes *même où* elle n'a jamais *trempé*, comme par exemple la Saint-Barthélemy et ils l'ont *accablée* de toutes les injures que leur *inspirait* le souvenir de cette malheureuse journée. Mais aujourd'hui on *n'*est plus dupe de leurs inventions et *quelque* longues que soient leurs énumérations, on sait que le nombre de victimes *cité* dans leurs histoires *avait* été fort *exagéré ;* on sait que la liberté religieuse si vivement *réclamée* par les huguenots *était* simplement *destinée* à cacher leurs conspirations ; on sait que par leurs complots et leurs menaces *continuels* ils s'étaient *attiré* la colère du roi ; on sait enfin que le massacre de la Saint Barthélemy fut *organisé* sous l'inspiration de la Reine-mère *tout* occupée à se défendre contre les menées des protestants dans *lesquelles* il était facile de voir les signes *avant-coureurs* d'une révolte contre le gouvernement royal. Telle est la vérité qui brille *clair* comme le jour pour peu que nous *étudiions* l'histoire à ses sources.

256. — Parmi les mensonges historiques que *propage* volontiers la presse antireligieuse il en est un que *répètent* souvent ses différents journaux, à savoir que Jeanne d'Arc a été *brûlée* par l'Église. C'est absurde, mais aujourd'hui il suffit qu'une bêtise *ait paru* dans le journal pour que la foule y *croie, quels que* soient les preuves et les démentis contraires. Vous qui avez *étudié* l'histoire ailleurs que dans les journaux, vous savez quelle estime *méritent* tous leurs contes. Si parmi les bourreaux anglais se *trouvait* malheureusement un évêque français, on *n'*aura jamais, pour cela, le droit de dire que ce sont les prêtres qui ont *brûlé* Jeanne d'Arc, pas plus qu'on ne peut rendre *responsables* de la trahison de Judas tous les apôtres de Jésus-Christ. Est-ce que dernièrement la France a *condamné* toute son armée parce que l'un de ses officiers l'avait *trahie ?* Non, assurément, alors pourquoi voudrait-on que nous *associions* l'Église *tout* entière à la trahison de l'un de ses évêques? La vérité c'est que l'honneur de Jeanne d'Arc a été *vengé* par l'Église, puisque la honteuse sentence du tribunal de Rouen fut *cassée* sur l'ordre du Pape, vingt ans après.

257. — Pendant de longs siècles l'étude et le travail *manuel* n'ont été en honneur que dans les monastères. A l'époque des *Mérovée*, des *Dagobert*, des *Pépin* et jusqu'aux *Capétiens même*, on *n'*estimait que le métier des armes. *Seuls*, au milieu des ravages et des ruines *causés* par des guerres trop fréquentes, les moines étaient tout ensemble cultivateurs et savants. C'est par eux que les terres incultes furent peu à peu *défrichées* et les premières écoles d'enseignement primaire *fondées*; ce sont les moines qui nous ont *conservé* les *chefs-d'œuvre* de l'antiquité en copiant les vieux manuscrits et qui ont *rassemblé* les documents et les chroniques grâce *auxquels* l'histoire de notre pays a été *composée*. Aussi l'impudence que *montrent* aujourd'hui certains écrivains, en représentant les moines commes des fainéants *prouve* simplement de leur part une profonde ignorance ou une insigne mauvaise *foi*, *quels que soient* d'ailleurs la finesse de leur plume et le plaisir qu'on éprouve à les *lire*.

258. — Les plus belles pages que vous *ayez entendu* lire dans notre histoire se *rapportent* aux époques *où* la cause de Dieu était heureusement *confondue* avec celle de la France. Les glorieux souvenirs d'une journée comme celle de Poitiers ne *s'effacent* pas des annales d'un peuple, *quels que soient* la force du temps pour faire oublier et les revers *même* sanglants que ce peuple, peut avoir *essuyés* dans la suite. Aujourd'hui encore le prestige et l'influence *exercés* par la France dans l'Orient *forment* comme un dernier lambeau de la précieuse relique dont les croisés s'étaient *emparés*, sans compter les durs sacrifices qu'elle leur avait *coûté* et qu'ils nous avaient *léguée* encore *tout* humide de leur sang. Aussi, je crois qu'on *n'*oserait me contredire si j'affirmais que les *Goddefroy* et les *Baudouin* ne se sont pas moins *dévoués* pour la France que pour l'Église en se faisant les *porte-drapeaux* du Christ et quoique, dans cette dictée, je *n'aie* pas l'intention de parler politique, j'ajoute que si, il y a *quelque* quarante ans, nous avions eu beaucoup de *Lamoricières* pour défendre le Pape, nous ne serions pas aujourd'hui *menacés* du côté des Alpes. D'ailleurs je ne suis pas le seul qui *ait* blâmé notre situation actuelle comme *tout* opposée aux intérêts et aux aspirations *traditionnels* de la France. Les hommes *mêmes* qui se sont *donné* naguère la mission de nous l'imposer se sont *aperçus* déjà qu'elle ne produit pas autant de résultats qu'ils en avaient *espéré* et qu'elle n'a pas été aussi avantageuse qu'ils l'avaient *annoncé*. Plaise à Dieu qu'on en *voie* bientôt la fin et que nous *ratifiions* encore une fois le pacte d'alliance *conclu* par Pépin et Charlemagne avec le vicaire de Jésus-Christ.

259. — Le vilain genre que *montrent* certains enfants *révèle* souvent la mauvaise éducation qu'ils ont *reçue*. Ils parlent *haut* et sont *tout* surpris quand on leur résiste. A les voir, on dirait que leurs prétentions *même* les moins raisonnables doivent être *écoutées* et que l'on *n'*a jamais le droit de les contrarier. Or c'est tout le contraire : *quelques* bons motifs qu'ils *aient* de réclamer telle ou telle chose, on peut en avoir de *meilleurs* pour la leur refuser, et pour être *bons* jamais les parents n'ont besoin d'être faibles. J'ai connu des mamans qui s'étaient *figuré* pouvoir céder sans inconvénient aux caprices et aux exigences *habituels* de leurs enfants, mais elles se sont bientôt *aperçues* qu'au lieu de les *élever*, elles les avaient *gâtés*. Si donc vous devenez un jour mères de famille, il faudra que vous *châtiiez* vos enfants en leur infligeant autant de corrections qu'ils en auront *mérité* sans vous inquiéter de leurs cris, car d'après le proverbe : qui aime bien *châtie* bien.

260. — Les occupations que vous *réserve* l'avenir *n'exigent* pas beaucoup d'orthographe et de calcul, mais *supposent* le goût et la pratique *habituels* du travail et de la prière. Dans ces deux mots *se trouve résumée tout entière* la vie de la Ste Vierge : imitez-là. Pour cela il faut que dès maintenant, vous *fuyiez* les *passe-temps* et les futilités *auxquels* vous êtes si facilement *portées*, car les mauvaises habitudes imprudemment *contractées* dans la jeunesse *se corrigent* difficilement et il n'est pas ordinaire que l'on *voie* des jeunes filles légères devenir des femmes sérieuses; au contraire on *n'*en a presque jamais *vu* qui *aient* mal *tourné*, après avoir été *sérieuses* et bien *rangées* dans leur jeunesse. Exercez-vous donc au travail et à la piété pendant les jours de congé *mêmes*, *quelques* vives inclinations que vous *ayez* encore pour les jeux d'enfants et laissez là vos poupées pour vos *boîtes à ouvrage* et vos chapelets.

261. — Les connaissances que *réclame* votre mission sur la terre *se trouvent* beaucoup plus dans vos *boîtes à ouvrage* que dans vos livres. Pourvu que plus tard vous *maniiez* adroitement l'aiguille et que vous *variiez* agréablement vos *pot-au-feu* on *n'*osera jamais vous reprocher les *quelques* rares fautes d'orthographe ou de calcul qui vous auront *échappé*. Aussi la *dot* la plus précieuse que *puissent* souhaiter les jeunes filles *même* riches *consiste* dans le goût de la piété et l'habitude du ménage, qui *annoncent* en elles de sages et honnêtes mères de famille. Je ne dis pas cela pour que vous négligiez les devoirs et les leçons qui vous sont *imposés* à l'école, mais pour qu'on ne *croie* pas que j'ignore ce qui vous convient le mieux. A dire vrai, *quels que soient* la condition et l'esprit d'une jeune fille, je préfère la voir remuer des *essuie-mains* et des *choux-fleurs* plutôt que des atlas et des arithmétiques.

262. Les agréments que *renferme* la vie de famille *méritent* de passer avant tous ceux que *procure* la fréquentation des sociétés *même* les plus divertissantes. On trouve peut-être dans celles-ci des jeux et des distractions plus *variés*, mais on *n'*y rencontre guère la franche et honnête gaîté qu'*éveillent* ordinairement les innocentes récréations du foyer domestique. Pourquoi donc alors faut-il qu'on *voie* tant d'ouvriers qui le dimanche après-midi *passent* au cabaret leur *demi*-journée *tout* entière ? c'est que souvent le désordre et la malpropreté qu'ils ont *trouvés* au logis les en a *éloignés* et le peu de soins *apporté* à la préparation de leurs repas les en a *dégoûtés.* Ils se sont *aperçus* du mauvais état de leurs aliments avant même d'en avoir *mangé* et en constatant que leur nourriture n'était pas *apprêtée* comme ils l'avaient *espéré*, ils se sont *laissés* aller à la mauvaise humeur. Aussi pour vivre un jour *heureuses* en ménage il faudra que vous *appropriiez* convenablement vos meubles et que vous rendiez vos ratatouilles aussi alléchantes que *possible, quelle que soit* la qualité des morceaux de viande dont vous les aurez *composées.*

263. — Pour se rendre *utiles* à la société les jeunes filles doivent se former à une vie *où dominent* avant tout la piété et le travail *manuel. Quels que soient* le goût et la facilité *naturels,* dont vous *bénéficiiez* pour l'étude, celle-ci n'est point votre partage et peu importe que dans la conversation vous *estropiiez* quelques mots, pourvu que l'on *voie* si vous êtes capables de diriger un ménage en faisant le moins de dépenses *possible.* Bien des jeunes filles se sont *nui* dans le monde uniquement à cause du peu de connaissances qu'elles avaient *montré* en fait de cuisine, d'ordre et d'économie. On *n'*éprouve au contraire que de la sympathie pour la femme que l'on rencontre de grand matin *agenouillée* sur l'un des *prie-Dieu* de l'église et que l'on retrouve ensuite *tout absorbée* par les soins *même* les plus vulgaires de son ménage. *Quant* à moi, l'estime que m'*inspirent* les jeunes filles se *mesure* toujours à leurs aptitudes pour ce genre d'occupations, et je réserve mes félicitations à *celles* d'entre vous qui, avec des notes d'orthographe et de calcul *passables*, en auront *obtenu* de très bonnes sur l'instruction religieuse et la couture.

264. — *Quelques* beaux succès que vous *ayez remportés* dans vos classes, n'oubliez pas les soins du ménage *auxquels* vous êtes *destinées.* Le calcul et l'orthographe *usuels* ne suffisent pas pour faire les plats *même* les plus simples et je sais des jeunes filles qui, après avoir *passé* sur vos bancs, sont *devenues* des *gâte-sauces*, c'est-à-dire des mauvaises cuisinières. Il vaudra mieux plus tard que vous *nettoyiez* à *fond* vos ustensiles de cuisine, que de savoir la liste des ministres qui se sont *succédé* sous Louis XV. J'ajoute cependant que les jeunes filles qui se sont *montrées* bonnes écolières à l'école *comptent* généralement plus tard parmi les meilleures ménagères et l'on *n'*a rien à craindre de celles qui ont *grandi* en classe dans l'habitude du travail : elles mettront autant de soins dans la préparation des *pot-au-feu* qu'elles en ont *apporté* dans la solution des problèmes. Aussi le but de nos examens *consiste* surtout à vous donner le goût du travail et nous ne demandons pas qu'on vous *croie* savantes parce que vous avez *réussi*.

265. — L'âme se nourrit de la prière ; *privée* de cet aliment elle s'étiole et perd rapidement toute sa force. Aussi la jeune fille en qui *persévèrent* le goût et l'habitude des pieux exercices, si souvent *répétés* dans nos écoles, *conserve* dans la famille la pratique des vertus chrétiennes par lesquelles déjà en classe elle édifiait ses amies, ses compagnes, ses maîtresses *même*. Ceux qui l'ont *abordée* se sont bien vite *aperçus* que la pensée du devoir, profondément *inculquée* dans son esprit et son cœur, *domine* toutes les autres ; on *n'*a aussi d'ordinaire qu'à se louer de sa complaisance, de sa douceur et qu'on la *voie* seule ou en compagnie, on admire toujours en elle le sérieux et la modestie *naturels* aux personnes vraiment vertueuses. Les avantages dont la Providence s'est *plu* à la douer ne lui ont *servi* que pour faire le bien autour d'elle par les bons exemples qu'elle s'est *appliquée* à donner en chaque occasion. Si donc vous voulez rester bonnes et vertueuses, il faudra que vous *vivifiiez* vos âmes par la prière, *quelque* beaux que soient les prétextes mis en avant pour vous en détourner ; d'ailleurs il arrivera un jour *où* Dieu se rira de ceux qui se seront sottement *ri* de vos chapelets et de vos *prie-Dieu*.

266. — Vous êtes peut-être sans exception *destinées* à

devenir un jour ou l'autre des *garde-malades*. Quand vos parents auront *vieilli*, il faudra bien que vous les *soigniez* dans leurs infirmités et plus tard quand vous aurez *fondé* vous-mêmes des familles, vous saurez tout le dévouement *qu'exigent* de leurs mères les enfants malades. Voilà pourquoi on vous a *indiqué* en classe le traitement que *réclament* les indispositions les plus ordinaires, c'est-à-dire les diarrhées, les coqueluches, les convulsions *même*. Mais comme on *n*'a pu vous donner que des notions élémentaires, il faudra que vous *remédiiez* à leur insuffisance en cherchant à savoir davantage, comme aussi vous apprendrez par expérience le coup d'œil et la prudence *exigés* dans l'application de certains médicaments, qui demandent à être *administrés* avec le plus de précautions *possible*. Mais *quelques* bonnes infirmières que vous *soyez* un jour, n'oubliez pas que votre mission au lit du malade est plus *élevée* que vous ne l'aviez peut-être *supposé* jusqu'ici. En effet, lorsqu'une personne aura *langui* entre vos mains et que tout espoir d'obtenir sa guérison sera *perdu*, avertissez sans retard le prêtre afin qu'il *ait* le temps de lui apporter toutes les consolations spirituelles que *procure seule* une mort chrétienne.

267. — Les premières paroles qu'un enfant a *entendu* prononcer par sa mère, les premières leçons qu'il en a *reçues* presque dès son berceau *laissent* toujours en lui une impression que *n'effacent* jamais complètement les fautes *même* les plus graves d'une vie désordonnée. Aussi des gens qui ont *grandi* et *persévéré* dans le bien, on peut dire que tous, *excepté* quelques-uns, se sont *conservés* uniquement à cause des pieuses pratiques dont ils avaient *contracté* peu à peu l'habitude sur les genoux de leurs mères. Sans doute, c'est d'abord dans la grâce divine qu'ils ont *puisé*, sans qu'ils s'en soient *doutés*, le précieux don de la persévérance ; mais Dieu la leur a *communiquée* au moyen de leurs mères dont il s'est *servi* comme des sacrements. Et pour qu'on ne *croie* pas que j'exagère, je vous rappellerai saint Louis dont la jeunesse fut tout *imprégnée* des sages leçons de sa pieuse mère. *Quant* aux gens qui après avoir *glissé* dans le désordre, se sont *laissé* toucher par le repentir, on en a *entendu* souvent affirmer bien haut que c'était grâce au souvenir de leurs mères qu'ils n'avaient jamais *perdu*, malgré le peu de profit qu'ils avaient *tiré* de leurs enseignements. Vous voyez donc que plus tard il ne suffira pas que vous *balayiez* régulièrement vos appartements, ni que vous *maniiez* assez bien l'aiguille pour fabriquer des *cache-nez* à vos enfants ; il faudra surtout que vous *soyez* attentives à les habituer aux pratiques religieuses que *suppose* toute vie chrétienne, réprimant avec le moins de ménagements *possible* les oublis et les négligences *auxquels* ils se seraient *laissés* aller. Efforcez-vous donc de devenir des femmes de la trempe des *Clotilde*, des *Radegonde* et des *Blanche* qui valent cent *mille* fois mieux que toutes les *Sévignés* du monde et *quelques* nombreuses occupations que vous *ayez* un jour, sachez que le rôle d'une mère de famille est *manqué* si l'on *n*'y trouve rien pour l'âme de ses enfants. Puisse-t-il suffire que je vous *l'aie* rappelé ici pour que vous ne l'*oubliiez* jamais !

268. — Les ajustements que *réclame* la mode *préoccupent* beaucoup trop certaines jeunes filles; *dès* qu'une nouvelle coiffure a *paru*, elles en sont aussitôt *fascinées* au point qu'on les *voit tout absorbées* par le désir de s'en procurer une semblable. Dans la rue, la toilette de leurs amies et de leurs voisines *attire* sans cesse leur attention et si, après l'avoir *épluchée* du haut en bas, elles se sont *aperçues* de quelques arrangements nouveaux comme elles n'en avaient encore *vu* nulle part, elles n'ont de repos que lorsqu'à leur tour elles se sont *confectionné* le pli et la ceinture qu'elles y ont *trouvés* de leur goût. Certes je comprends très bien que vous *modifiiez* vos robes, vos manteaux, vos cocardes *même* qui sont par trop *démodés*, car on *n*'est jamais obligé de se rendre ridicule ; mais *quelque* vives que soient vos tendances à la coquetterie, gardez-vous des excès que je vous ai *signalés* tout à l'heure et faites sur vos toilettes le plus d'économies *possible*, vous rappelant le peu d'avantages sérieux que d'autres en ont *retiré* avant vous; laissez-là ces mises tapageuses qui ne sont que des *trompe-l'œil* et dont l'élégance n'est pas aussi *appréciée* que vous l'aviez *pensé* jusqu'ici; restez dans les convenances qu'*exige* votre situation comme dans les limites que vous *impose* la modestie. C'est le seul parti à prendre si vous voulez qu'on vous *croie* sérieuses et bien élevées.

269. — Vous savez de quels ustensiles se *compose* le ménage, car vous en avez *vu* chez vos parents, et, si vous étiez *interrogées*, vous diriez toutes que dans une maison bien organisée se *trouvent* des *essuie-mains*, des *abat-jour*, des *tire-bouchons même*. Vous savez aussi que ces objets, comme beaucoup d'autres que j'ai *oublié* de nommer, ont leur usage et leur place bien *marqués* et j'espère que plus tard on *n'*aura pas à vous reprocher de les laisser traîner *pêle-mêle*, grâce aux habitudes de bon ordre que vous avez *contractées* à l'école. Mais, pour bien remplir tous les devoirs que *s'impose* une vraie mère de famille, vos aptitudes à la tenue d'un ménage ne *sauraient* suffire, *quelque* grandes qu'elles soient, et plus tard il faudra que vous *glorifiiez* Notre Seigneur Jésus-Christ en réservant chez vous la place d'honneur au crucifix, car c'est vers lui que *s'élèvent* chaque jour les mains des enfants que Dieu a *confiés* aux mères chrétiennes et c'est devant lui que *s'agenouillent nu-tête* les parents qui veulent élever leur famille dans la crainte de Dieu.

270. — Les visites que j'ai *eu* trop rarement le plaisir de vous faire cette année me *laissent* d'agréables souvenirs sur l'ordre et la bonne tenue que j'ai toujours *remarqués* dans votre classe. *Quant* à vos copies, bien que je n'en *aie* pas *vu* beaucoup, les quelques lignes que j'en ai *lues* m'ont *paru* très *soignées*. Aussi, *quelles que* puissent être les difficultés de l'examen, il ne me semble pas nécessaire que vous *mendiiez* l'indulgence des examinatrices et je pense que l'on *n'a* aucun échec à redouter pour votre école.

271. — L'heureuse émulation que *suscitent* les concours *prouve* leur utilité ; mais le profit qu'en *retirent* les élèves *se mesure* à l'application qu'ils ont *apportée* pour s'y préparer. Je vous en avertis pour que vous *multipliiez* vos efforts en classe, sans trop compter sur le dernier moment où l'on *n'a* pas toujours le temps de réfléchir beaucoup. Prenez donc maintenant vos *porte-plumes* et écrivez : je verrai bien si vous avez apporté au travail un goût et une ardeur *réels*.

272. — L'intérêt que vous *portent* continuellement tant de personnes charitables *mérite* que vous les en *remerciiez* par des prières chaque jour *renouvelées*. Il est juste en effet que l'argent dont ces personnes se sont *privées* pour entretenir vos écoles leur *procure* certains bénéfices. Or, c'est précisément de vos prières qu'elles ont *espéré* retirer quelques profits, car si Dieu a promis une récompense pour un verre d'eau *donné* en son nom, à plus forte raison voudra-t-il récompenser la grande charité de ces âmes généreuses en exauçant les vœux et les prières que vous lui aurez *adressés* pour elles. Vous savez que pour être *entendues* de Dieu, il n'est même pas besoin que vous le *priiez* à *demi-voix* : dites donc chaque jour simplement du *fond* du cœur quelques *Ave Maria*. Je suppose bien d'ailleurs que vous en avez déjà *récité* beaucoup, mais j'espère aussi que l'on *n'aura* jamais le regret de constater qu'une fois *sorties* de l'école vous oubliez cette dette de reconnaissance.

273. — Nous reprenons aujourd'hui la série des devoirs et des questions *désignés* dans chaque numéro du *Bulletin* sous le titre d'*Exercices*. Il est à souhaiter, en effet, que les élèves s'y exercent sérieusement, non pas tant à bien tenir leurs *porte-plumes* qu'à être très *attentifs* et à réfléchir beaucoup. Voilà pourquoi nous conserverons à nos dictées la tournure qu'elles ont *eue* jusqu'ici, tout en nous efforçant de les rendre aussi simples que *possible*. Cependant, comme ces exercices sont souvent *utilisés* dans plusieurs classes d'un niveau supérieur à la moyenne, il faudra bien que nous y *variions* les difficultés, de manière que les règles de la syntaxe y *aient* leur application, tout comme certaines règles d'accord *élémentaires*. La solution du premier problème sera *demandée* aux élèves qui, à la fin de l'année, doivent être *présentés* au Certificat élémentaire ; le second s'adressera à ceux qui, ayant *passé* avec succès les examens de ce certificat, se sont *proposé* d'arriver jusqu'au complémentaire et doivent par conséquent, pour l'obtenir, connaître plus à *fond* les secrets du calcul. Peut-être en ajouterons-nous parfois un troisième en vue du Certificat supérieur. Bref, *quels que soient* ces exercices mensuels, nous espérons que les élèves s'y appliqueront de leur mieux, mettant en pratique ces paroles du poète :

« Travaillez, prenez de la peine :
« C'est le *fonds* qui manque le moins.

274. — Les réclamations qui me sont quelquefois *adressées* au sujet des compositions que vous *apporte* le *Bulletin*, me *semblent* un peu *exagérées*. Pour être *utiles* à nos jeunes écoliers, il faut que ces exercices mensuels renferment quelques difficultés *présentées* de telle sorte que l'on *voie* bien, par la manière dont elles sont *résolues*, si le jugement et l'habitude de la réflexion se *développent* chez l'enfant autant que la mémoire. On *n'a* guère besoin, en effet, d'une longue expérience de l'école pour savoir que les élèves apprennent et retiennent les règles de la grammaire beaucoup plus facilement qu'ils ne les appliquent, et, c'est précisément pour combattre ce manque d'attention trop fréquent, que leur sont *présentées* sous une forme toute particulière les dictées de chaque mois. De plus, je désire que l'on n'oublie pas à quelle grande variété d'écoles *s'adressent* ces compositions. Ces écoles me sont *connues* et je ne crois pas exagérer, en disant que le niveau moyen des études s'y *conserve* assez haut, pour que dans chaque première classe se *trouvent* au moins trois ou quatre enfants, capables de faire presque sans faute des dictées comme celle-ci. J'espère d'ailleurs que cette fois encore, grâce au travail et à l'application *habituels* des élèves, mon affirmation ne se trouvera point *démentie* par l'expérience.

275. — Les visites que j'ai *eu* cette année le plaisir de vous faire m'ont *laissé* des souvenirs et des impressions *tels* qu'on *n*'en saurait guère souhaiter de *meilleurs*. Je me rappelle avec quelle ardeur vous *essayiez* de répondre à mes questions et les preuves que vous m'avez alors *données* de votre instruction me *portent* à penser que vous réussirez aujourd'hui. Mais l'émotion qu'*éprouvent* beaucoup d'enfants *même* capables au moment des examens *diminue* souvent leurs chances de succès. N'ayez donc pas peur, car la commission d'examen n'est pas aussi sévère que vous l'avez peut-être *cru* jusqu'ici. D'ailleurs nos compositions ne sont pas des *casse-tête* et *quelque* difficiles qu'elles vous paraîtront au premier abord, croyez bien que vos aînés en ont *eu* du même genre qu'ils ont *réussies*. Si parmi eux quelques-uns ont *échoué*, c'est uniquement à cause du peu d'application qu'ils y ont *apporté;* ils s'étaient *crus* avec raison suffisamment forts, mais ils se sont *attiré* par leurs étourderies des mauvaises notes qui ont *abouti* à un total de points *insuffisant*. Appliquez-vous donc maintenant comme lorsque je vous ai *vus* en classe, afin qu'on ne *croie* pas que j'exagère et que vos copies nous donnent vraiment la preuve que vous avez *travaillé* sérieusement.

276. — Les compositions que vous *apporte* ce numéro du *Bulletin comptent* parmi les dernières que je me suis *proposé* de vous donner cette année, car dans un mois les examens auront *commencé*. Peut-être les trouverez-vous un peu moins faciles que celles qui ont *précédé*, mais il est permis de supposer que depuis le commencement de l'année vous avez acquis le savoir et l'expérience *voulus* pour résoudre des difficultés plus savantes. Certaines phrases que vous *orthographiiez* difficilement il y a quelques mois et que vous *bégayiez* encore il y a *quelque* douze ans vous sont aujourd'hui *connues;* vous vous êtes aussi *rendu* plus *familière* par l'exercice la manière de résoudre certains problèmes. Attachez-vous donc à bien appliquer les principes et les règles que vous avez *entendu* si souvent *exposer* en classe; n'oubliez pas que les accents, les points, les virgules *même* ont leur importance; rappelez-vous qu'en arithmétique vous pouvez, à cause d'une virgule mal *placée*, être *amenés* à une solution *tout* autre que celle que vous auriez *dû* trouver. Au fond vous savez tout cela; il suffit donc que par un peu d'attention vous *remédiiez* à la légèreté de votre âge pour éviter bien des fautes. J'espère que vous n'y manquerez pas aujourd'hui et que vous me procurerez par des copies vraiment *soignées* le plaisir de constater vos progrès, afin que pendant les vacances je *n'aie* que de bonnes nouvelles à donner de vous aux personnes qui m'en auront *demandé*.

277. — Je souhaite que ce matin vous *n'expédiiez* pas trop vite vos compositions. Parmi les jeunes filles qui vous ont *devancées* ici, plusieurs se sont *nui* beaucoup par le peu d'application qu'elles avaient *apporté* à leurs devoirs d'examen; quelques-unes, des meilleures *même*, sont ainsi *tombées* au dernier rang; d'autres ont complètement *échoué*. Voilà comment il arrive parfois que l'élimination est plus grande qu'on ne l'aurait *supposé* d'abord, *vu* les points et les notes *obtenus* en classe. Soyez donc très attentives afin de laisser dans vos copies le moins de fautes *possible* et qu'ainsi on ne *croie* pas que je vous ai *donné*, comme on le dit quelquefois, des devoirs trop difficiles. D'ailleurs, *quelles que soient* l'issue de l'examen et les critiques de quelques-uns, je suis bien décidé à ne pas abandonner le genre de compositions *adopté* jusqu'ici. La bonne réputation que *possèdent* nos écoles *l'exige* ainsi et l'on *n'*obtiendra jamais que je me contente de quelques difficultés insignifiantes, comme vous en avez *rencontré* si souvent dans vos livres.

278. — L'intelligence et la solution des difficultés que *renferme* cette dictée *supposent* une certaine connaissance des principales règles de grammaire que vous avez *étudiées* à l'école. Nous pensons bien que vous n'allez pas échouer devant ces difficultés, car on *n'*a certainement pas manqué de vous enseigner plus d'une fois la manière de les résoudre facilement en posant bien les questions indiquées par la grammaire pour connaître le sujet ou le complément et pour découvrir le nom que *qualifient* ou *déterminent* les adjectifs que vous rencontrez. *Quels que soient* donc la nature et le nombre des difficultés de cette dictée ayez confiance, car si vous vous êtes *appliqués* en classe et si vous êtes attentifs ici, ces difficultés ne sauraient vous causer des embarras et des hésitations *réels*. Prenez donc maintenant vos *porte-plumes* et montrez-nous que dans les écoles catholiques on *n'*apprend pas seulement à bien vivre, mais qu'on y étudie aussi l'art de bien écrire.

279. — La solution des difficultés, d'ailleurs assez *clair-semées*, qui se cachent dans ces quelques lignes, *suppose* une certaine connaissance des règles de grammaire que l'on vous a *enseignées* en classe et que l'on vous a *exercés* à appliquer dans vos devoirs quotidiens. Ces règles, vous les *étudiiez* encore il y a quelques jours sous l'habile direction de vos excellents maîtres ; vous arrivez donc à l'examen bien *préparés*. Mais, pour ne pas rendre *inutiles* aujourd'hui les conseils et les leçons qu'ils vous ont *prodigués*, il faut que vous apportiez à cet examen un travail et une application *exceptionnels*. Cependant, rassurez-vous : on *n'a* rien mis dans ces lignes qui soit au-dessus de vos forces et, en vous présentant quelques difficultés en rapport avec les études que vous avez *suivies*, on *n'a* voulu que vous donner une fois de plus l'occasion de maintenir, par le sérieux de vos examens, la bonne réputation que *possèdent* à juste titre les écoles auxquelles vos parents vous ont *confiés*.

280. — Ma fille, le certificat que tu es *venue* chercher doit être l'attestation d'un travail et d'une application *réels* de ta part. Cependant tu seras *jugée* non pas sur les devoirs que tu as *dû* faire à l'école, mais sur les compositions que tu nous auras *données* aujourd'hui. Ne t'*inquiète* donc pas de ce qui se passe autour de toi : *travaille* en silence, comme si tu étais seule ; n'*écris* rien sans avoir bien *réfléchi*. Si dans cette dictée tu rencontres des difficultés, *quelles qu'elles soient*, rappelle-toi les règles de grammaire que l'on a si souvent *répétées* devant toi, sur la manière dont *s'accordent* le participe passé, l'adjectif et le verbe. J'aime à croire que tu ne voudras pas tromper l'espérance que *gardent* tes excellentes maîtresses d'entendre proclamer ton nom ce soir et qu'ainsi on *n*'aura vraiment pas à regretter de t'avoir *présentée* aux examens.

281. — Les sujets de compositions et les questions orales qui vous seront *proposés* aujourd'hui *renferment* des difficultés en rapport avec les études auxquelles vous vous êtes *appliquées* pendant l'année. On *n*'a, je vous l'affirme, rien *négligé* pour vous faciliter le succès, mais on a aussi *cherché* à vous donner l'occasion de faire valoir les connaissances complémentaires dont vous avez *enrichi* peu à peu votre mémoire et votre intelligence. Parmi les jeunes filles qui se sont *succédé* sur ces bancs, nous en avons *vu* qui regrettaient amèrement d'avoir, comme on dit, *tué* le temps. Elles s'étaient *figuré* pouvoir s'en tirer sans s'être *donné* trop de mal ; mais, au jour de l'examen, elles se sont *aperçues* de leur insuffisance, car au moment de parler elles se sont *tues*, elles qui avaient si bonne langue en classe, et le peu de résultats qu'elles ont *obtenu* leur a *servi* de leçon d'ailleurs bien *méritée*. Nous espérons qu'il n'en sera pas ainsi de vous, car vous avez sans doute fait tous les efforts que vous avez *pu* pour arriver à l'examen bien *préparées*. Appliquez donc maintenant avec intelligence les règles que vous *étudiiez* encore il y a peu de jours, *quels que soient* la tournure des phrases que *renferme* cette dictée et le soin nécessaire pour les écrire correctement.

282. — L'empressement que *manifestent* la plupart de nos élèves à venir à ces examens nous *montre* la grande utilité du certificat complémentaire. Cependant, nous nous sommes *demandé* s'il n'y avait pas dans cette affluence de candidats l'indice de quelque abus, et de fait nous avons *cru* reconnaître qu'on *n*'a plus guère pour le certificat complémentaire l'estime qu'il mérite et qu'on en est arrivé à le considérer comme une sorte de second certificat élémentaire. Mais c'est *tout* autre chose. Il ne faut pas qu'on *croie* qu'une année plus ou moins bien *passée* à l'école après le certificat élémentaire suffit pour rendre *dignes* du complémentaire les élèves qui désirent l'obtenir. Les exercices et les compositions qui vous seront *imposés* pendant cette matinée *renferment* des difficultés plus sérieuses que celles que vous avez *rencontrées* aux examens du certificat élémentaire; ce qui est d'ailleurs très légitime, car si depuis cette époque vous avez été *assidues* aux classes, vous devez en avoir *profité* : *toute* autre supposition ne nous est pas permise.

283. — Les efforts et les fatigues que vous vous êtes *imposés* depuis le commencement de l'année *touchent* à leur terme et vous êtes *venues* en récolter les fruits. J'aime à croire, en effet, qu'aucune d'entre vous ne s'est *figuré* qu'elle pouvait obtenir le certificat sans s'être *donné* la peine de le mériter par un travail et une application *réels* et je suis *sûr* que toutes vous êtes *arrivées* à l'examen on ne peut mieux *préparées*. Donnez-nous en la preuve par des devoirs et des compositions vraiment *soignés*, afin que nous *appréciions*, comme elles le méritent, la persévérance et la bonne volonté que vous avez *apportées* en classe. Parmi les jeunes filles qui se sont *succédé* ici avant vous, nous en avons *vu* qui trop présomptueuses s'étaient *flattées* d'occuper sur la liste de proclamation une place *tout* autre que celle qu'elles y ont *obtenue* et l'on a pu facilement lire sur leurs visages le dépit qu'elles en éprouvaient; mais elles auraient *dû* ne pas oublier que l'on *n'*obtient généralement que ce que l'on a mérité.

284. — La série annuelle de nos examens *commence* aujourd'hui. L'an dernier ces examens nous ont *donné* satisfaction et si parmi les deux *mille* cinq *cents* candidats qui se sont *succédé* devant les différents jurys, plusieurs se sont *montrés* inférieurs aux légitimes exigences que *renferme* le programme, on *n'*exagère certainement pas en disant que la liste de ces malheureux ne *formait* qu'une petite minorité. Je souhaite que celle-ci ne soit pas *augmentée* cette année, mais que l'on *voie* vos noms s'ajouter à la liste des heureux. Pour rendre *réalisables* ce désir et cette espérance, il faut que vous *employiez* toutes les ressources de votre instruction et de votre intelligence à soigner toutes vos compositions, *quelque* faciles qu'elles vous semblent. Je compte donc sur un travail et une application *réels* de votre part, pour que l'issue de cette première journée soit aussi bonne que nous l'avons *souhaité;* mais, je le répète, c'est à la condition que vous laisserez sur vos copies le moins de fautes *possible,* car vous savez bien que l'on *n'*aura pour juger de votre capacité que les feuilles sur lesquelles vous allez maintenant faire manœuvrer vos *porte-plumes.*

285. — Les leçons suivies en classe vous ont *préparés* à cet examen, car on vous y a *expliqué* avec beaucoup de compétence les règles de grammaire *applicables* aux difficultés que *renferme* cette dictée, comme aussi on vous y a suffisamment *initiés* à la connaissance de l'arithmétique, telle que l'*exigent* les problèmes et les questions qui vous seront *posés* aujourd'hui. Appliquez-vous donc avec soin aux différentes compositions que *comporte* cet examen ; *quelque* difficiles qu'elles vous semblent, elles ne dépassent pas la mesure de vos forces, mais on les a *choisies* d'une façon toute spéciale, afin que l'on *voie* bien, par la manière dont vous les aurez *traitées,* si vraiment vous savez quelque chose. Faites honneur aux maîtres qui se sont *dévoués* pour vous et ne trompez pas l'espérance qu'ils gardent de vous voir *reçus*. Ils ont fait tout ce qu'ils ont *pu* pour que vous *bénéficiiez* aujourd'hui de leur compétence et de leur zèle par un éclatant succès; à votre tour, faites en sorte que ce zèle et cette compétence ne soient point *perdus*.

286. — Ma fille, il faut que tu *aies* aujourd'hui toute ta présence d'esprit pour bien montrer que tu *n'es* pas sans avoir sérieusement *étudié* les différentes règles de grammaire et d'arithmétique que tu as *entendu* répéter si souvent à l'école. On *n'*examinera pas directement si tu as été sage et studieuse en classe, mais on interrogera ta jeune intelligence par des questions et des compositions du genre de cette dictée *où s'exercent* en même temps ta mémoire et ton jugement. Or, si tu n'as point *perdu* ton temps à l'école, tu peux être bien *rassurée*, car, *quels que soient* leur nombre et leur nature, les difficultés de l'examen sont certainement en rapport avec les connaissances que *possède* une jeune fille de ton âge, qui s'est consciencieusement *appliquée* à l'étude. L'homme récolte ce qu'il a semé : nous jugerons donc de la valeur des efforts que tu as *semés* en classe, par la valeur des devoirs et des réponses que tu nous auras *donnés* aujourd'hui.

287. — Voici que vont être enfin *réalisés* vos désirs et les espérances que vos maîtres ont *gardées* toute l'année. Tous vous serez, je suppose, *reçus* aujourd'hui. Mais pour cela, il faut que vous *soyez* très attentifs et que vous *soigniez* bien les différents devoirs écrits dont se *compose* l'examen. Les règles de grammaire, auxquelles se *rapporte* chacune des difficultés de cette dictée, vous sont *connues*. On vous les a souvent *répétées* et l'on vous a *exercés* à la manière de les appliquer. De même aussi les principes de l'arithmétique et leurs applications ont été plus d'une fois très clairement *exposés* devant vous. Vous êtes donc *prêts* à répondre aux questions qui vous seront *posées* et par conséquent vous êtes aussi *près* de recueillir le précieux témoignage que *méritent* un travail et une science *réels*. Voilà pourquoi j'ai dit tout à l'heure que vos espérances et celles de vos maîtres vont être *réalisées* aujourd'hui.

288. — Ceux d'entre vous qui se sont *imaginé* pouvoir réussir sans effort, seront *déçus* aujourd'hui. Ici-bas on *n*'a rien sans mal, depuis que Dieu a dit : « Tu mangeras ton pain à la sueur de ton front ! » Aux agréments que *proçure* le travail *s'ajoutent* les inconvénients et les fatigues que Dieu y a *attachés* en punition du péché. Aussi *quels que soient* notre condition et notre âge ; que nous *soyons* nés dans la richesse ou dans la pauvreté, nous sommes tous soumis à la loi solennellement *promulguée* au paradis terrestre et voilà pourquoi j'ai dit que ceux qui se sont *crus capables* d'obtenir le certificat sans s'être *donné* la peine de travailler pour le mériter, ceux-là sont *exposés* à échouer honteusement aujourd'hui. J'espère cependant que ces prévisions ne seront *réalisées* pour aucun d'entre vous, car je pense que tous vous êtes *arrivés* ce matin à l'examen on ne peut mieux *préparés*.

289. — Si dès le commencement de l'année on vous a *conseillé* l'habitude du travail, c'est que la science *qu'exigent* de vous les devoirs de cet examen ne pouvait être *obtenue* que grâce à des efforts et une application *soutenus*. Ne soyez donc pas surpris si les maîtres qui se sont *occupés* de vous se sont *montrés* quelquefois *sévères* : les soins *qu'exigeait* notre instruction leur *imposaient* en effet une attention et un souci *continuels*, et vos parents les auraient certainement *blâmés* de la moindre faiblesse dont ils auraient *usé* à votre égard. D'ailleurs n'oubliez pas que les fatigues *qu'impose* l'assistance fidèle aux classes de chaque jour *préparent* aux enfants qui s'y montrent *assidus* des *avant-goûts* de la vie humaine qui est *toute hérissée* d'obstacles et de difficultés souvent *imprévus*. Bien des gens se sont *aperçus* trop tard qu'on *n*'arrive guère à regagner les premières années maladroitement *perdues*. Ils s'étaient *crus* en droit de ne rien faire à l'école et plus tard ils se sont *nui* dans le monde par leur insuffisance, *quelques* belles qualités qu'on *ait pu* leur reconnaître.

290. — Les fatigues qu'*entraîne* la préparation de l'examen se *trouvent* largement *compensées* par les joies que *procure* le succès. Ainsi en est-il des peines de cette vie *comparées* aux jouissances de l'éternité bienheureuse. Notre vie d'ici-bas n'est qu'une préparation à ce redoutable examen final qui suit immédiatement la mort. Mais *quelque* pénibles que soient les différentes périodes de cette préparation, il ne faut pas qu'en les traversant nous *oubliions* la surabondance du bonheur *préparée* à ceux qui auront *persévéré* jusqu'au bout dans la bonne *voie*. L'élève qui a bien *réussi* dans ses examens ne *pense* plus aux fatigues que le travail préparatoire lui a *causées* ; de même, l'âme chrétienne qui paraît au tribunal de Dieu *justifiée* perd jusqu'au souvenir des tourments et des peines qu'elle a *endurés* sur la terre, tant lui paraît ineffable la douceur que *renferment* ces paroles du Sauveur : « Bon et fidèle serviteur *entre* dans la joie de ton Maître. »

291. — Ma fille, *laisse* à la porte de cette salle les soucis et les préoccupations *habituels* aux enfants de ton âge, car pour rendre *acceptables* les compositions que tu nous présenteras aujourd'hui, il faut que tu *aies* toute ta présence d'esprit. Ne *t'inquiète* donc pas de ce que *pensent* de toi tes voisines; *travaille* comme si tu étais *seule*. Les leçons que tu as *dû* apprendre à l'école, les règles de grammaire et d'arithmétique que tu as *entendu* expliquer si souvent, voilà les uniques conseillères que tu *aies* la permission de consulter ; par conséquent ne dis pas un mot, *étudie* en silence les difficultés que tu auras *rencontrées*, et *quelques* nombreuses qu'elles soient, Dieu aidant, tu en viendras à bout. L'homme récolte ce qu'il a semé : au travail et à l'application *soutenus* *succède* le triomphe; la paresse et la légèreté *amènent* l'insuccès. Or, comme je suppose que tu n'as *reculé* devant aucun effort pour te bien préparer, j'espère beaucoup que tu vas réussir et qu'ainsi on *n'*aura rien à te reprocher pour le passé. Bien au contraire on aura tout à espérer de toi pour l'avenir, car il est rare que nous *variions* beaucoup d'un âge à un autre.

292. — Le genre des problèmes et des dictées par *lesquels* on vous a *exercées* dans vos classes *se rapproche* beaucoup des devoirs et des questions qui vous seront *donnés* aujourd'hui. Vous nous arrivez donc bien *préparées* et en mesure de réussir les diverses compositions que vous *impose* le programme de cet examen. Je suis bien sûr, en effet, *qu'on n'a pas* manqué de vous dire par quelles questions *se trouvent* le sujet et le complément du verbe ; on a dû aussi vous répéter souvent la règle suivant laquelle *s'accordent* l'adjectif ou le participe adjectif; on a eu également soin de vous parler des différentes manières dont s'écrit quelque et des règles que *donne* la grammaire sur l'accord des participes passés. Par conséquent, *quels que soient* les difficultés de cette dictée et le genre des problèmes que vous avez à résoudre vous pouvez réussir, si vous apportez à cet examen un travail et une application *réels*.

293. — Les compositions que l'on a *cru* jusqu'ici devoir imposer aux jeunes filles qui se sont *succédé* sur ces bancs, étaient préparées avec un soin et une compétence *exceptionnels*. Celui qui en avait *imaginé* ou *choisi* les différents sujets nous a *quittés* pour un monde meilleur; mais on *n'a* vraiment qu'à jeter un coup d'œil sur ses écrits pour voir que les résultats qu'il s'était *proposé* presque toujours d'atteindre, par ses questions d'un genre particulier, *devaient* venir beaucoup plus du travail et de l'application *soutenus* des aspirantes que de leur plus ou moins grande facilité naturelle. Ne vous étonnez pas qu'à son exemple nous *essayions*, par tous les moyens, de vous examiner suivant cette excellente méthode, *quels que* puissent être vos goûts et vos aptitudes *personnels* pour les travaux *où s'exerce* plutôt la mémoire que le jugement. D'ailleurs, vous le savez, les fatigues que ces compositions vous auront *coûté* ne seront point perdues pour celles d'entre vous qui en auront *profité* en vue de se sanctifier, par l'acquisition de quelques mérites nouveaux. Cherchez donc à vous rendre *utile* pour le ciel même le plus petit des efforts que vous *d·mande* telle ou telle partie de l'examen, afin que l'on *voie* bien au jour du jugement que vous étiez *tout* aussi chrétiennes que savantes. Dieu vous en récompensera dès ici-bas, car j'espère que ce soir vos examinatrices me diront de vous : « Autant de difficultés vous leur aviez *proposées* autant elles en ont *surmontées.* »

294. — Les difficultés que l'on a *cherché* à vous présenter dans cette dictée ne *dépassent* pas la mesure de celles que renfermait la composition de l'an dernier donnée à pareil jour. Aussi ceux d'entre vous qui échoueront devant elles, devront s'en prendre uniquement au peu d'attention qu'ils ont *apporté* en classe, lorsque les principes de grammaire *correspondant* à ces difficultés y étaient *expliqués.* Ne croyez pas qu'en vous parlant ainsi j'*aie* l'intention de vous effrayer, car je désire beaucoup pouvoir compter ce soir sur la liste des lauréats le plus de noms *possible.* Mais, vous le savez bien, on *n*'inscrira sur cette liste que ceux qui l'auront *mérité* et pour y arriver il ne suffit pas que vous *employiez* consciencieusement les différentes heures actuellement consacrées à l'examen, il faut encore qu'en vous présentant ici vous *ayez* à votre actif un passé de travail et d'application *réels.* C'est qu'en effet, *excepté* quelques cas bien rares *où* l'issue des épreuves n'est pas aussi heureuse qu'on l'avait à bon droit *espéré*, on *n*'obtient généralement que ce que l'on a mérité et l'homme récolte ce qu'il a semé. Je ne suis pas probablement le premier qui *ait* rappelé devant vous cette vérité aussi ancienne que le monde et vous l'avez sans doute *entendu* plus d'une fois *répéter* par vos maîtres. Eh bien! l'heure est *venue* d'en faire l'expérience ; je souhaite que celle-ci vous soit agréable à tous et que l'on *voie* par vos compositions et vos réponses avec quel soin vous vous êtes *préparés* à l'examen, *quels qu'aient* été les difficultés et les obstacles que vous avez *rencontrés.*

295. — Si vous voulez réussir, il importe que vous n'*expédiiez* pas trop vite les compositions que *renferme* le cadre de cet examen. On leur a *réservé* la matinée *tout* entière : employez-la bien. La chance dont *profitent* parfois quelques étourdis *échappe* souvent aussi à beaucoup d'autres et parmi les écoliers qui ont *défilé* ici avant vous, j'en ai déjà *compté* pas mal qui ne se sont pas *entendu nommer* au moment de la proclamation à cause du peu d'application qu'ils avaient *apporté* à l'examen. Ils s'étaient *crus sûrs* du succès et ils ont piteusement *échoué*. Le travail est une loi à laquelle on *n*'est pas libre de se soustraire et Dieu qui l'a *promulguée* ne peut faire des *passe-droits* en favorisant les paresseux. Aussi *quelque* grandes que soient vos chances de succès, comptez d'abord sur vos efforts et vos fatigues *personnels*, puis sur la bénédiction de Dieu. Les gens *même* les plus habiles ne font pas autrement.

296. — La science que *supposent* l'écrit et l'oral de l'examen du certificat élémentaire n'est pas trop *élevée* pour des jeunes gens de votre âge. Et pourtant, parmi les candidats qui vous ont *précédés* ici, plusieurs ont *échoué ;* mais c'est uniquement parce qu'ils n'ont pas *apporté* aux différentes compositions qui constituent l'ensemble de cet examen le soin et l'application *exigés* pour y réussir. Mettez à profit leur malheureuse expérience : tous vous pouvez être aujourd'hui *reçus* si vous êtes *attentifs*, car alors les difficultés ne passeront pas *inaperçues* pour vous et vous en triompherez facilement, *quels que soient* leur nombre et leur caractère. Prenez donc maintenant vos *porte-plumes* et servez-vous-en pour appliquer adroitement les règles d'accord de l'adjectif et du verbe que l'on vous a *ensei-gnées*. Nous sommes *tout disposés* à vous inscrire sur la liste des lauréats, pourvu que par les devoirs et les réponses que vous nous aurez *donnés* nous *voyions* bien que vous n'êtes ni des ignorants, ni des étourdis.

297. — Il y en a beaucoup parmi vous qui ne se sont jamais *vus* et ne se sont jamais *parlé*. Mais, si vous avez *passé* par différentes écoles, vous avez été cependant *préparés* de la même façon aux compositions que *renferme* le cadre de cet exàmen. Voilà pourquoi vous vous trouvez en ce moment *réunis* dans cette salle et soumis aux mêmes exercices. Soyez bien *persuadés* que parmi les devoirs qui vous seront *imposés* aujourd'hui, il n'y en a pas de plus importants que ceux qui portent sur l'instruction religieuse, l'orthographe et l'arithmé-tique. En effet, *quels que soient* les avantages que *procure* la connaissance de l'histoire, de la géographie, du style et du dessin, on *n'*a guère de peine à comprendre qu'à des enfants chrétiens *s'impose* avant tout la connaissance de la religion; que ce n'est pas trop exiger de jeunes Français qu'ils sachent écrire correctement dans la langue du pays, et qu'enfin le com-merce et l'industrie de notre département *réclament* de nos écoliers un goût et une habitude *exceptionnels* du calcul.

298. — Pour réussir les compositions que vous *impose* le programme de cet examen, il est nécessaire que vous *employiez* toutes les ressources que *procure* à des enfants de votre âge une suite ininterrompue d'études sérieuses. Ces ressources, vous les possédez, car les études que vous avez *suivies* en classe ont été *dirigées* avec un dévouement et une compétence *réels* par vos excellentes maîtresses. Vous pouvez donc réussir, pourvu cependant que vous *soyez* attentives, car si vous désirez que nous *appréciions*, comme ils le méritent, les efforts que vous avez *dû* faire pour répondre aux bons soins qui vous ont été *prodigués*, il faut que vous fassiez aujourd'hui le moins de fautes *possible*. Les dames examinatrices sont *toutes* disposées à vous donner de bonnes notes, mais elles seraient aussi *tout* étonnées et même attristées de voir que vous n'avez pas su résoudre les quelques difficultés que *renferme* cette dictée. J'espère que vous n'allez pas leur causer un chagrin et une surprise *pareils*.

299. — Chacune des *en-tête* qu'on lit sur nos différents certificats *indique* clairement la somme de connaissances *représentée* par chacun d'eux. Par conséquent les notions élémentaires qu'*exige* le premier certificat ne *sauraient* suffire pour celui dont le titre signifie qu'on a *dû* compléter le petit bagage de science *exigé* par le certificat élémentaire. En effet, si vous avez suivi les classes une année de plus, vous en avez *profité* : vous êtes donc plus instruits. Cependant rassurez-vous : les limites marquées par le programme ne se *trouvent* pas *dépassées* et *quelque difficiles* que vous *semblent* cette dictée et les problèmes qui la suivront, il suffira pour les bien faire que vous *remédiiez* à la légèreté de votre âge par un peu de réflexion. J'espère donc qu'aujourd'hui en corrigeant vos copies, on *n*'aura guère de peine à reconnaître que vous n'êtes pas de ces jeunes étourdis comme on en a déjà *vu* ici et qui ont *échoué* piteusement par suite du peu d'attention qu'ils avaient *apporté* à leur travail. Les difficultés *même* les plus embarrassantes ne sont jamais insurmontables pour ceux qui savent être aussi attentifs que *possible*.

300. — Si vous êtes *reçus* aux examens, il ne faudra pas que vous vous *glorifiiez* beaucoup de votre succès, car à votre âge on a beau avoir son certificat, on *n*'est pourtant pas encore très instruit et si vous savez quelque chose, vous le devez à la sollicitude des maîtres qui se sont *dévoués* pour vous, bien plus encore qu'aux efforts que vous vous êtes *imposés* pour apprendre. Aussi, faites en sorte qu'on vous *voie tout pénétrés* des sentiments qu'*inspire* l'humilité chrétienne et *quels que soient* la note et le rang que vous aurez *obtenus*, gardez le silence et la modestie *habituels* à tout enfant bien élevé et qui s'*accordent* si bien avec le peu de science que vous aurez *emportée* de l'école. D'ailleurs, je le répète, si les personnes *même* savantes ne sont pas *dispensées* d'être modestes, à plus forte raison vous qui n'êtes tout au plus que des *demi*-savants.

FIN

— Lille. Typ. A. Taffin-Lefort. —

Lille. — Typ. A. Taffin-Lefort.

www.ingramcontent.com/pod-product-compliance
Ingram Content Group UK Ltd.
Pitfield, Milton Keynes, MK11 3LW, UK
UKHW021537260726
13993UKWH00002B/547